FITNESS FINANCIERO

Nueve sencillos ejercicios
para mejorar tu relación con el dinero

FITNESS FINANCIERO

Nueve sencillos ejercicios
para mejorar tu relación con el dinero

Joan Sotkin

Traducción
Martha Baranda

Grijalbo

Fitness financiero
Nueve sencillos ejercicios para mejorar tu relación con el dinero

Título original: *Build your Money Muscles:*
Nine Simples Exercises for Improving your Relationships with Money

Primera edición: febrero, 2009

D. R. © 2006, Joan Sotkin

D. R. © 2008, derechos de edición mundiales en lengua castellana, excepto España:
Random House Mondadori, S. A. de C. V.
Av. Homero núm. 544, col. Chapultepec Morales,
Delegación Miguel Hidalgo, 11570, México, D. F.

www.rhmx.com.mx

Comentarios sobre la edición y el contenido de este libro a:
literaria@randomhousemondadori.com.mx

ISBN 978-607-429-139-1

Impreso en México / *Printed in Mexico*

Al Círculo de Prosperidad de Santa Fe,
por su inspiración, apoyo y motivación
y su deseo de cambiar a nuevas identidades financieras

Agradecimientos

En primer lugar quiero agradecer a Ellen Kleiner por su paciente estímulo, su empática asesoría y edición formidable, todo lo cual fue esencial para la publicación de este libro. También agradezco mucho la ayuda que recibí de la asistente de Ellen, Hillary Welles.

No hubiera podido desarrollar esta información sin el apoyo de los numerosos visitantes de ProsperityPlace.com, así como sin mis clientes de asesoría, quienes deseaban escuchar lo que yo tenía qué decir y pusieron en práctica muchas de las técnicas que les sugerí. Su retroalimentación y su voluntad de confiar en mis consejos fue mi inspiración constante.

El grupo The Executive Committee (TEC) —una comunidad internacional de directores ejecutivos a la cual me uní en octubre de 2004—, y en especial su líder, Les Samuels, estimularon aún más mi crecimiento, me proporcionaron un invaluable conocimiento práctico y me brindaron el apoyo y el ánimo que necesitaba para avanzar con este proyecto. Es un honor contar con Pam Duncan, Stefan Lark, Charlie Goodman, Stan Singley, Paul Benson, Leon Romero, Jennifer Adelman y Tom Jensen como parte de mi comité ejecutivo.

Prefacio

Fitness financiero evolucionó a partir de técnicas que diseñé para que me llevaran de la disfunción financiera, caracterizada por un bajo ingreso y una deuda compulsiva, hacia la comodidad financiera. Durante esa transformación descubrí que la única manera de modificar mi condición económica era atravesar por los correspondientes cambios internos. Como consecuencia, de manera gradual cambié mi perspectiva acerca de la vida y redefiní mi concepto de quién era yo y cuál era mi lugar en el mundo. Después de descubrir una conexión significativa entre las emociones y el dinero, desarrollé métodos para utilizarla con el fin de mejorar mi posición financiera.

Inicié mi búsqueda porque quería comprender por qué tenía tantas dificultades para funcionar correctamente en términos financieros mientras mis dos hermanos menores eran sumamente eficientes para administrar su dinero. En 1983, uno de mis hermanos, harto de rescatar mis finanzas, me sugirió inscribirme en un programa de Doce Pasos. Pronto descubrí Deudores Anónimos (DA), donde aprendí que yo utilizaba las deudas como una solución emocional y que, para comprender la causa de mis bajos ingresos y mis deudas, tenía que examinar las emociones detrás de mis conductas. El programa de DA me funcionó muy bien y para 1984 ya había fundado una empresa de mayoreo, menudeo y venta por correo que produjo 352 000 dólares de utilidades en su cuarto año.

Sin embargo, después de la muerte de mi padre en 1987, pronto retomé mis viejas conductas, como comprar inventario en exceso a crédito; al final tenía una deuda de 40 000 dólares. Menos de un año después cerré la empresa y me declaré en bancarrota. Al darme cuenta de que tenía que analizar de cerca mis emociones y su efecto en mi comportamiento financiero, comencé a asistir a Codependientes Anónimos (Coda), donde pude comprender mejor las causas de mi disfunción. Reconocí que había sido incapaz de vivir el duelo por la muerte de mi padre de manera efectiva y, por tanto, había creado una situación que me permitía expresar mi pena al perder una empresa que amaba. También pude ver que, dado que había experimentado un influjo repentino de gran cantidad de dinero sin el beneficio de una educación financiera, me había abrumado, y esa situación generó que gastara de sobra y tomara malas decisiones de negocios.

Como consecuencia de la pérdida de mi empresa obtuve una profunda conciencia de mis actitudes y conductas financieras; fue así que decidí desarrollar músculos de dinero al hacer crecer los recursos tanto internos como externos que necesitaba para volverme saludable y exitosa en términos financieros. Ahora comprendo que la prosperidad no sólo se refiere al dinero sino a sentirme cómoda, satisfecha y segura, y que mantener la prosperidad requiere tanto de una educación financiera continua como de voluntad para enfrentar las responsabilidades y los numerosos cambios que se presentan con la riqueza material.

Con el fin de compartir lo que aprendí durante mi transformación, en 1995 desarrollé un sitio *web*, ProsperityPlace.com, donde hasta el día de hoy enseño a la luz de una perspectiva holística cómo mejorar la relación con el dinero. Las miles de personas que visitan ese sitio cada mes están interesadas en incrementar sus ingresos y en abrirle las puertas a la abundancia en todos los aspectos de su vida, a pesar de que casi ninguna ha tenido exceso de fondos y muchas están endeudadas. En el sitio, esas personas aprenden que, incluso con un extenso conocimiento financiero, el hecho de ser negligentes y no prepararse en el ámbito emocional para los cambios de vida que se presentan junto con un ingreso mayor dificultan la construcción y el mantenimiento de la riqueza.

La teoría detrás de *Fitness financiero* es que las finanzas de un individuo son una extensión de su concepto acerca de quién es y de cuál es su lugar en el mundo. El hecho de generar y mantener grandes sumas de dinero requiere de una comprensión de sus finanzas en este contexto, así como de un desarrollo gradual de habilidades para administrar el dinero. Los ejercicios presentados en este libro están divididos en dos secciones. La primera parte, "Preparación para el cambio financiero", está diseñada para ayudarte a comprender la dinámica detrás de tu situación financiera actual, elevar tu nivel de conciencia financiera y establecer metas realistas para tu futuro. La segunda parte, "Hacia una nueva identidad financiera", proporciona técnicas para modificar tus relaciones contigo mismo y con los demás, con el fin de establecer hábitos financieros saludables. Cada ejercicio finaliza con una serie de acciones que puedes practicar de manera independiente para que incrementes tu estabilidad financiera.

El libro concluye con una lista de recursos que incluyen muchos sitios *web* útiles. Además, ProsperityPlace.com ofrece artículos, programas en audio, libros electrónicos y consejos de prosperidad.

Que tu nueva rutina de acondicionamiento despierte tus músculos, dormidos durante mucho tiempo, y te ofrezca una fortificación progresiva mientras modificas de manera espectacular tu posición financiera y desarrollas una relación más cómoda, libre y funcional con el dinero.

PRIMERA PARTE

Preparación para el cambio financiero

Introducción

¿Por qué una persona puede generar y administrar con facilidad grandes sumas de dinero mientras otra lucha para cubrir apenas sus gastos básicos? Esta pregunta me impulsó a una búsqueda de las dinámicas que gobiernan el dinero y nuestra relación con él. Después de años de estudiar, observar y trabajar con cientos de personas, comencé a formular respuestas. Descubrí que la condición financiera de una persona depende no de factores externos, como cuánto dinero genera e invierte, sino de su ambiente interno, el cual incluye cómo se percibe esa persona a sí misma, cómo piensa y qué necesita para expresarse en el ámbito emocional. Nuestra relación con el dinero, concluí, refleja más nuestros pensamientos, creencias y sentimientos que lo que expresa acerca del mundo de las finanzas.

Con clientes individuales y con grupos a los cuales impartí cursos pude poner a prueba esta teoría y desarrollé técnicas sencillas para cultivar una relación más feliz con el dinero y para elegir una senda financiera satisfactoria. En lugar de enfocarnos primero en las habilidades para la administración del dinero, examinamos y modificamos patrones de pensamiento, creencias habituales y respuestas emocionales que generaron en los participantes un cambio en su concepto de sí mismos y de su lugar en el mundo. Poco a poco, ellos comenzaron a adoptar nuevos hábitos financieros y, casi sin esfuerzo, experimentaron un flujo de dinero más saludable porque sus finanzas reflejaron de forma automática sus recién descubiertas expresiones de valor personal.

La teoría detrás de los ejercicios de la primera parte deja al descubierto que las situaciones financieras no sólo nos suceden sino que, por el contrario, son creadas por nuestros pensamientos, creencias y emociones (PCE) más profundos y, con frecuencia, no expresados. El hecho de aceptar esta teoría nos permite ver que situaciones como percibir un sueldo bajo, perder el empleo, enfrentar gastos inesperados, no tener ahorros o perder dinero —todas las cuales parecen ser causadas por factores externos—, en realidad son extensiones de nuestro mundo interior y de nuestras relaciones con nosotros mismos y con los demás. Las piedras basales de esta teoría se fundan en que detrás de cada situación financiera yace un grupo de pensamientos, creencias y emociones (observa la figura I.1), y que la gente, de manera inconsciente, se vale de lo que sea y de quien sea que necesite para dar expresión externa a su condición interna.

Figura I.1. ¿Qué pensamientos, creencias y emociones contribuyen a tu situación financiera?

Debido a sus experiencias pasadas, Sam, de 35 años de edad, cree que no puede confiar en la gente. Como resultado, cuando interactúa con otras personas con frecuencia teme que lo engañen, que le mientan o que se aprovechen de él, y espera sentirse decepcionado, traicionado y víctima, como ya lo fue antes. De acuerdo con los cimientos teóricos de este programa de acondicionamiento, la combinación de PCE de Sam envía un mensaje no verbal que tiende a atraer personas a su vida que validarán sus temores y sus expectativas no expresados. Por su parte, es probable que él culpe a los demás por su malestar resultante y no se percate de que sus PCE son la base de su sensación de víctima. Una vez que Sam acepte que su situación es una expresión de sus PCE ocultos será capaz de reexaminar sus interacciones con otras personas a partir de este nuevo punto de vista, hacer un esfuerzo consciente para modificar sus PCE y recibir resultados más amables.

Al verla a través del crisol de los PCE no expresados, la situación de Evan, de 42 años de edad, también resulta ilustrativa. Cuando Evan tenía tres años nació su hermano, Luke, y lo desplazó del centro de atención de su madre. Después, Evan descubrió que podía llamar la atención de su madre al ser problemático, comportamiento que le generó críticas y castigos. Como respuesta a las reacciones de su madre, llegó a creer que había algo malo en él. Con frecuencia se repetía a sí mismo las palabras de advertencia de su madre: "Nunca haces nada bien", "No deberías actuar así" y "¿Qué te sucede?" Estos pensamientos, aunados a la creencia subyacente de que tenía alguna deficiencia, le produjeron sentimientos de vergüenza, inadecuación y poco valor.

A pesar de ser problemático en casa, Evan era buen estudiante y con el tiempo se graduó como químico, después de lo cual aceptó un empleo en un laboratorio de investigación. No obstante de que disfrutaba de su empleo en el laboratorio, Evan consideraba que su salario era bajo y con frecuencia estaba preocupado porque tenía que pagar su préstamo para la universidad y los estados de cuenta de las tarjetas de crédito que se acumulaban. Tres años después de aceptar el empleo, Evan fue despedido y remplazado por otro químico. Una vez más se sintió avergonzado, inadecuado, poco valioso y ahora atrapado por las deudas.

Quizá parezca que la historia laboral de Evan y su situación financiera fueron causadas por la mala suerte o por una planeación deficiente. Sin embargo, desde la perspectiva de esta teoría, los PCE de Evan fueron la fuerza creativa detrás de sus dramas laborales y dificultades financieras. Su concepto de sí mismo como deficiente y poco valioso se unió a sus juicios autocríticos; sus sentimientos reprimidos de vergüenza, inadecuación y poca valía lo llevaron a atraer, de manera inconsciente, las circunstancias necesarias para expresar su ira y su resentimiento subyacentes por haber sido desplazado a edad muy temprana. Desde este ventajoso punto de vista, su despido, los años de haber recibido un sueldo escaso y el peso de la deuda que cargaba pueden considerarse una expresión de sentimientos reprimidos durante mucho tiempo. Cuando Evan aprenda a liberar esas emociones inhibidas y cambie el tenor de sus pensamientos, estará preparado para desarrollar una relación mucho más solidaria consigo mismo y ya nunca más necesitará sufrir dramas financieros incómodos. Como resultado, es probable que encuentre un empleo mejor remunerado y administre su dinero de mejor manera.

Una vez que acepte que sus PCE crean su situación financiera, Evan también podrá beneficiarse al comprender la naturaleza del dinero. A pesar de que es una poderosa influencia en la vida de las personas, pues afecta sus decisiones acerca de vivienda, alimentación, tiempo de diversión, empleo, cuidado de la salud y mucho más, el dinero no tiene poder alguno en sí mismo. Sólo cuando se utiliza como un medio de intercambio es que el dinero adquiere potencia y su uso crea una relación entre las personas involucra-

Figura 1.2. El dinero representa la energía que se transmite
entre dos personas y genera una relación entre ellas.

das en cada transacción (observa la figura 1.2). En otras palabras,
el dinero representa la energía de la relación; el modo en que los
individuos utilizan el dinero refleja cómo manejan sus relaciones
consigo mismos y con los demás.

Entonces, los aparentes problemas financieros nunca se refieren al dinero y siempre se refieren a las relaciones, y las relaciones financieras siempre tienen una base emocional. Como tales,
los sentimientos de inseguridad financiera, aunque parezcan fun-
damentados sólo en el dinero, pueden representar un sentido de
desconexión de nosotros mismos y de los demás, el temor a que
nos dejen solos o alguna otra preocupación relativa a las relaciones.
El deseo de atender estos asuntos puede impedir que la falta de
fondos se convierta en una condición crónica o recurrente.

Karen, de 28 años de edad, por ejemplo, siempre estaba endeu-
dada y luchaba por ganar el dinero suficiente con su empresa para
cubrir sus gastos. Ciertos meses, temerosa de que le suspendieran
los servicios, llamaba nerviosa a la compañía telefónica o de luz
para pedir que le dieran más tiempo para saldar sus deudas. Su

relación con esas empresas reflejaba su relación con sus padres, a quienes acudía con frecuencia para que la rescataran de su desastre financiero. En esas ocasiones de continuos sollozos y ruegos, sus padres, de mala gana, le daban dinero y ella se sentía un poco menos sola y desvalida, al menos durante un tiempo. Ahora, cuando necesitaba sentirse conectada y apreciada, sus conversaciones con los ejecutivos de la compañía telefónica o de luz sustituían sus interacciones con sus padres. En apariencia, ella tenía problemas para generar dinero, pero en realidad existía una poco satisfactoria relación con sus padres.

Una vez que Karen comprendió que para sentirse conectada y valiosa necesitaba desarrollar relaciones saludables, realizó un gran esfuerzo por ampliar su círculo de contactos sociales al unirse a un grupo de caminatas para solteros y se convirtió en miembro activo de una red de negocios para mujeres. Un mes más tarde comenzó a enfocarse en su relación con el dinero mejorando sus historiales crediticios, examinando y liberándose de las emociones detrás de sus patrones financieros y aprendiendo el mejor sistema de administración de flujo de efectivo para su empresa. En el transcurso de un año, las utilidades de Karen habían mejorado mucho y, en retrospectiva, se dio cuenta de que los cambios más significativos que había realizado fueron un creciente sentimiento de confianza, apoyo y amor por sí misma junto con nuevos sentimientos de pertenencia en sus relaciones con otras personas, todo lo cual se reflejó en su relación con el dinero.

Así como Karen utilizó a las compañías de teléfonos y de luz para externar su relación con su familia, la gente adopta una gran variedad de vehículos de expresión emocional. Solicitar un préstamo bancario, por ejemplo, causa que muchos deudores se sientan como niños que piden a sus padres un aumento en su mesada. De igual manera, las interacciones entre empleado y patrón, o entre cliente y propietario, a pesar de ser financieras por naturaleza, con frecuencia recrean las dinámicas familiares. Desde este punto de vista, tiene sentido que los individuos que se sintieron poco valiosos en la infancia puedan percibirse como mal pagados o abusados en la edad adulta.

Resulta interesante que las deudas, que parecen ser un estado financiero, en realidad permiten que tanto el deudor como el acreedor expresen emociones ocultas. Con frecuencia, los deudores se sienten controlados, atrapados, inadecuados, indefensos o avergonzados, mientras los acreedores, después de entregar dinero a los deudores, pueden sentirse más poderosos y demandantes de lo que son en otras circunstancias. Tanto deudores como acreedores se sienten menos aislados debido a su vínculo financiero y por lo general se benefician de estas relaciones hasta que son capaces de encontrar medios más íntimos de expresión emocional.

De hecho, con frecuencia el dinero representa un aspecto del amor. De manera afectuosa, los padres entregan dinero a sus hijos, los donantes apoyan sus causas caritativas favoritas y los patrones dan bonos a sus empleados como gesto de cuidado y aprecio. En contraste, el dinero también puede ser un medio a través del cual la gente exprese su necesidad de amor. Es común que los individuos que sufrieron abusos o poco cuidado durante la infancia representen su ausencia de amor y cuidados a través de una historia de recursos insuficientes, bajos salarios o solicitudes de ser rescatados por familiares, amigos o compañías de tarjetas de crédito. De igual manera, la gente que suele donar dinero podría expresar su necesidad de ser amada y percibe que su generosidad puede inspirar afecto entre sus beneficiarios.

El hecho de examinar los sentimientos que expresas por medio de tus finanzas puede conducirte a una relación más satisfactoria con el dinero. Sin embargo, mejorar tu relación con el dinero requiere de una modificación constante de tus actitudes y comportamientos habituales, lo cual toma tiempo y experimentación.

Al contemplarlo como a un ser con el cual tendrás una relación de por vida, comprenderás el valor de aprender a amar, respetar, cuidar y apreciar el dinero y el lugar que tiene en tu vida. Cuando lo hagas, el dinero, al igual que las personas a quienes valoras, llegará a ti con más facilidad e infundirá placer y satisfacción a tu vida.

El siguiente programa de acondicionamiento para el cambio financiero tiene sus raíces en la teoría de que los PCE crean realidades, y que nuevos PCE crean nuevas realidades. Además de ofrecerte sugerencias para desarrollar habilidades financieras, los ejercicios tienen el objetivo de desarrollar PCE congruentes con la comodidad financiera y encontrar vías alternas de expresión de los PCE que causan disfunciones financieras. Como los ejercicios en cualquier programa de levantamiento de pesas, éstos están diseñados para realizarse de manera gradual y repetitiva durante largo tiempo. Imagina a una mujer sedentaria que pesa 65 kilos, que nunca ha levantado pesas y que de pronto se ejercita con una pesa de 10 kilos en cada mano. Podría lesionarse con facilidad o darse por vencida debido a la frustración y a la decepción. De igual manera, la mayoría de la gente atraída por la literatura de prosperidad espera generar pronto grandes sumas de dinero, sin darse cuenta de que practicar el "levantamiento" de sumas de dinero cada vez mayores es necesario para mitigar las demandas de la prosperidad. Abundan las historias acerca de los ganadores de lotería que, después de pocos años, están de regreso donde iniciaron o de empresarios que hicieron negocios exitosos rápidos sólo para verlos desintegrarse. Heredar, producir o ganar grandes cantidades de dinero repentino con frecuencia provoca que quien lo recibe se sienta abrumado y se vuelva disfuncional en términos financieros por la abrupta llegada de fondos.

Con el dinero, así como con las pesas, es necesario desarrollar poco a poco los "músculos" para alcanzar niveles cada vez más altos de eficiencia con comodidad y seguridad. Los ejercicios de la primera parte te ayudarán a hacerlo al despertar tu conciencia y tu aptitud financiera de manera gradual mientras mejoras tu comprensión de los bloqueos internos que te apartan de la rique-za sostenida. Al retirar esos bloqueos, por naturaleza estarás mejor equipado para apoyarte a ti mismo y para administrar bien el dine-ro. Estos ejercicios son básicos no sólo para un futuro financiero boyante sino para una vida más satisfactoria.

EJERCICIO 1

Acondiciónate para el cambio

Si no cambiamos, no crecemos. Si no crecemos,
no vivimos de verdad.

GAIL SHEEHY

Los programas efectivos de ejercicios incluyen rutinas de acondicionamiento para ayudar a los músculos a adaptarse a los nuevos movimientos y a los desafíos mentales. De igual manera, un programa confiable de preparación para la condición financiera contempla actividades que ayudan a minimizar las incomodidades implicadas en la transición hacia una nueva posición financiera. Dichas incomodidades surgen en gran medida debido a los enfrentamientos con la resistencia y, dado que estimula cambios internos y externos constantes, la búsqueda por alcanzar una mejor posición financiera proporciona amplias oportunidades a la resistencia.

La mayoría de los buscadores de prosperidad, a pesar de desear una mejoría significativa en sus vidas, se resisten al cambio porque están cómodamente instalados en los patrones financieros predecibles que han conocido. Así, pues, renuentes a enfrentar una incomodidad pasajera, estas personas permanecen bloqueadas a lograr libertad y satisfacción financiera. Por fortuna, al comprender los factores que disparan tu resistencia y al prepararte con conciencia al cambio, puedes modificar los pensamientos, las creencias, las emociones y los comportamientos habituales que impiden que superes tu posición financiera actual.

AMENAZAS DEL FACTOR DE IDENTIDAD

Una razón primordial para la resistencia radica en lo que he llamado *factor de identidad*, un mecanismo interno que protege el concepto que una persona tiene acerca de quién es y de cuál es su lugar en el mundo. Cambiar a una nueva posición financiera, que con facilidad puede amenazar el sentido de sí mismo, con frecuencia activa el factor de identidad. Cuando esto sucede, es típico que la gente se vuelva desidiosa o regrese a los viejos comportamientos para proteger a toda costa el estilo de vida familiar por temor a que los deseados cambios, cuando ocurran, la hagan sentirse aislada, insegura o confundida.

Sharon, quien estaba comprometida a salir de sus deudas y a establecer hábitos financieros saludables, no esperaba las incomodidades potenciales causadas por el cambio. Con la ayuda de un asesor de crédito diseñó un plan para eliminar poco a poco la deuda de sus tarjetas de crédito, dejó de utilizarlas y mejoró sus registros financieros. Durante tres meses se apegó con fidelidad al programa y se solazó en el progreso que vio, pero al cuarto mes comenzó a atrasarse en sus pagos y dos veces pidió dinero prestado a un amigo. Avergonzada, dejó de llevar registro de sus gastos y en seis meses estaba otra vez en el punto de partida, incrementó su deuda, evitó las tareas financieras y sólo estaba consciente a medias de sus gastos.

Cuando me llamó por primera vez, Sharon estaba decepcionada de sí misma por sabotear su progreso. Sin embargo, una vez que comprendió que sólo había protegido su vieja identidad, se dio cuenta de que sus acciones no eran de autosabotaje sino de autoprotección. Se dio cuenta de que, debido a que no se reconocía como una persona que se comportaba de forma responsable con el dinero, había protegido su identidad al volver a los comportamientos habituales con los resultados predecibles. Con el paso del tiempo, Sharon aprendió cómo trabajar para superar la incomodidad que implicaban los comportamientos modificados y comenzó a desarrollar nuevos PCE, todo lo cual la ayudó a volver a comprometerse con su plan financiero.

Además de amenazar el autoconcepto de una persona, el cambio significativo también puede afectar las relaciones con los amigos y con la familia de origen. Dado que la gente te conoce por la persona que eres, cualquier cambio en tus actitudes o comportamientos requiere que ellos respondan de distinta manera hacia ti y, como consecuencia, que también ellos realicen cambios. Los amigos o los miembros de la familia que no están abiertos al cambio intentarán obstruir tu progreso, situación que podría aumentar tu incomodidad por el temor a quedarte solo. Por fortuna, al acondicionarte para el cambio te darás cuenta de que quedarte solo no es inevitable. Siempre puedes redefinir tus viejas relaciones con tus amigos y con tu familia y también desarrollar nuevas relaciones con personas que reflejen su yo modificado y que de forma inevitable llegarán a tu vida.

ACEPTA LA TORPEZA DEL CAMBIO

El hecho de iniciar el movimiento hacia una nueva posición financiera mediante la alteración de los PCE habituales puede desorientarte en un principio debido a que el itinerario y el resultado son inciertos. Si alguna vez te has mudado de casa es probable que hayas experimentado lo que yo llamo *torpeza del cambio*. Entre sus síntomas se incluyen el sentirse abrumado, confuso, solo, perdido y es posible que pierdas cosas o tomes decisiones tontas. Sin embargo, así como te adaptas a tu medio después de mudarte a una nueva casa, las incomodidades causadas por los PCE modificados y los comportamientos financieros desaparecerán poco a poco. Aceptar la torpeza del cambio como una señal de progreso hacia una nueva posición financiera puede reducir su duración y ayudarte a tomar impulso hacia adelante.

A los 54 años, Larry estaba listo para redefinir su relación con el dinero. A pesar de que anhelaba la estabilidad económica, él se sentía atrapado por las deudas y avergonzado por su imprecisión financiera. Cuando comenzó a trabajar conmigo, Larry accedió a dejar de utilizar sus tarjetas de crédito y registrar todos sus gastos. Después de sólo dos semanas se sintió ansioso y desorientado y confesó que tuvo dos episodios de comida compulsiva. "Sufro un caso severo de torpeza del cambio —se lamentaba—. Me siento bien con lo que hago pero me cuesta trabajo decidir cómo gastar el dinero. Tengo miedo de cometer un error y gastar de más. Y cuando anoto mis gastos del día, siento como si alguien más ocupara mi cuerpo. No estoy acostumbrado a actuar así."

Por fin, convencido de que las incomodidades desaparecerían, Larry estuvo de acuerdo en continuar con sus nuevas conductas. Después de otras dos semanas me dijo que la desorientación y la indecisión disminuían poco a poco y que sentía más naturales sus nuevas conductas. No obstante, cada vez que Larry incorporaba un nuevo comportamiento, como ahorrar dinero cada quincena, tenía brotes de desorientación pero, dado que él comprendía que la torpeza del cambio indicaba progreso y pasaría pronto, estuvo dispuesto a vivir la experiencia.

ACCIONES

Las siguientes acciones están diseñadas para ayudarte a superar la resistencia y para apoyar tu proceso de acondicionamiento al cambio al expandir tu conciencia personal. Deberás tener paciencia mientras realizas los cambios y adaptarte a las pequeñas modificaciones antes de intentar las más radicales. Cada vez que experimentes una sensación de resistencia, evita criticarte; en cambio, relájate y prepárate para renovar tus esfuerzos.

1. Elabora un diario de prosperidad

Un diario de prosperidad es el lugar ideal para definir tu situación actual y registrar tu progreso a medida que desarrollas tus músculos de dinero. Utilízalo también para anotar tus temores o tu resistencia, afirmar tus éxitos, apuntar las preguntas que surjan o expresar tus reacciones al cambio. Anotar la fecha facilita un análisis posterior de tus observaciones.

2. Encuentra un compañero de prosperidad

Contar con la ayuda de un amigo que trabaje contigo incrementa tu motivación a minimizar las incomodidades y hace mucho más disfrutable tu progreso hacia tu nueva posición financiera. Elige a alguien con quien te sientas cómodo al compartir información personal. Intercambia experiencias una o dos veces por semana durante un tiempo específico; pueden ser 30 minutos por sesión, divididos en partes iguales entre ambos. En términos ideales, las sesiones pueden llevarse a cabo en persona o por teléfono para permitir una retroalimentación inmediata. Durante cada una de ellas, por turnos, señalen los progresos logrados desde la última sesión y describan las incomodidades experimentadas, como la sensación de aislamiento o de desorientación; pidan retroalimentación si la requieren y declaren qué es lo que harán antes de la siguiente sesión. Evita juzgar el comportamiento de tu compañero o darle consejos que no te ha pedido, lo cual sólo podría generar conflictos. En cambio, anímalo y alaba sus progresos.

Para las parejas, es buena idea elegir compañeros de prosperidad ajenos a la relación, en especial si sus discusiones financieras tienden a ser muy emotivas. Pueden trabajar juntos en sus asuntos monetarios, pero el hecho de tener como confidente a otra persona puede ayudarlos a ser más honestos acerca de sus luchas individuales.

La gente que aplica un sistema con un compañero tiende a progresar más pronto que aquella que no lo hace. Compartir información acerca de los comportamientos financieros, práctica poco común, abre nuevas vías de expresión auténtica para los participantes y con frecuencia libera una cantidad considerable de vergüenza asociada con los hábitos financieros.

3. Define tu identidad financiera

Tu identidad financiera, que con facilidad puede verse amenazada por el cambio, está constituida por tus pensamientos, creencias, emociones, conductas y por tu relación con el dinero. Obtener claridad acerca de tu identidad financiera puede ayudarte a reconocer señales de resistencia al cambio financiero y tu manera de enfrentar la desorientación producto de tu progreso financiero.

Para empezar, de acuerdo con el formato del cuadro 1.1, define cada componente de tu identidad financiera, según la comprendas, en tu diario de prosperidad. Deja espacio para anotaciones futuras. Puedes obtener información valiosa al escuchar las declaraciones que haces una y otra vez acerca de tus finanzas, en especial las que comienzan con "yo", como: "Yo nunca ganaré suficiente dinero" o "Yo me siento estancado".

Al escuchar tus conductas, observa si evitas correr riesgos financieros o, en cambio, si tiendes a ser más confiado. ¿Eres generoso o tiendes a la tacañería? ¿Tienes una perspectiva positiva o negativa acerca de tu futuro financiero?

4. Realiza un pequeño cambio externo

Cambiar de manera intencional una conducta relativamente insignificante y después observar tus reacciones a ello puede ayudarte a que te adaptes a nuevos comportamientos financieros. Aquí te presento algunas posibilidades.

Cuadro 1.1. Mi identidad financiera

Pensamientos	Desearía tener más dinero.
	Si sólo pudiera pedirles dinero prestado a mis padres.
	Mis finanzas son un desastre.
	¿Por qué no puedo tener lo que quiero?
	Estoy en quiebra.
	Odio tener que pensar en dinero con tanta frecuencia.
	No sé cómo conciliar mis cuentas.
Creencias	No merezco tener mucho dinero.
	Todo el mundo recibe un ingreso decente menos yo.
	Si produzco dinero adicional no sé qué hacer con él.
	No soy muy bueno con el dinero.
Emociones	En cuanto al dinero, me siento frustrado, poco valioso, inadecuado, infeliz y temeroso.
Conductas	No soy bueno para llevar registros financieros.
	No sé adónde se va todo mi dinero.
	Todavía utilizo mis tarjetas de crédito aunque sé que no debería hacerlo.
	Permito que mis cuentas se acumulen sin mirarlas.
	A veces olvido pagar mis cuentas.
Relación con el dinero	Conflictiva, insegura, carente.

- Coloca tu cepillo de dientes en un lugar distinto.
- Toma una calle poco habitual para llegar a un destino al cual te diriges con frecuencia.
- Levántate unos minutos antes de tu hora habitual o quédate despierto hasta un poco más tarde.
- Mira un canal de noticias diferente.
- Lee una revista que nunca antes hayas visto.
- Sustituye una ración de pastel o helado por un bocadillo más saludable.
- Sonríele a alguien que no conozcas.
- Acude a una reunión a la cual habías pensado no asistir.
- Invierte el papel de baño.
- Come un alimento que nunca antes hayas probado.
- Utiliza una marca distinta de combustible para el automóvil.
- Compra en un supermercado que nunca antes hayas frecuentado.
- Escucha nueva música.
- Habla con alguien a quien hayas evitado.

Repite la nueva acción todos los días hasta que te sientas cómodo con ella. Mientras tanto, detecta cualquier sentimiento de desorientación y el tiempo que te toma adaptarte por fin al cambio. En algunas personas la incomodidad dura sólo unos días; a otras puede tomarles semanas.

Después de establecer tu paso particular, serás capaz de predecir con certeza relativa cuánto tiempo persistirán las amenazas a la identidad y la torpeza del cambio a medida que vas adquiriendo nuevas conductas.

5. Modifica tu comportamiento financiero

Para acondicionarte al crecimiento financiero, da un paso hacia la administración distinta del dinero. Entre múltiples posibilidades se encuentran las siguientes:

- Anota cuánto dinero generas y gastas durante un día.
- Paga a tiempo las facturas de una semana.
- Deja de usar tu tarjeta de crédito preferida.
- Ahorra dinero que por lo regular gastarías, incluso si sólo son 10 dólares a la semana.
- Dona algo de dinero.
- Trata de pasar un día sin gastar.

Al hacer estos cambios, nota tus sentimientos y regístralos en tu diario de prosperidad. Si te das cuenta de la incomodidad pero no eres capaz de asociarla con un sentimiento en particular, por ahora sólo documéntala.

6. Examina cualquier resistencia al cambio financiero

Si te resisitiste a realizar la acción previa, pregúntate:

- ¿Cómo afectaría mis impresiones acerca de mí mismo el hecho de realizar un cambio financiero?
- ¿Qué es lo que temo que ocurra si logro el éxito financiero?
- ¿El hecho de sentirme seguro en el ámbito financiero amenazará mi concepto de mí mismo?
- ¿Alterará ello mis relaciones con mis amigos o familiares de origen?
- ¿Significará mi prosperidad una traición para algún amigo o quizá deslealtad hacia algún miembro de mi familia?

7. Trabaja con una palabra de poder

El inconsciente acepta lo que se le dice y utiliza esas creencias para producir resultados. Si tú le dices a tu inconsciente que la vida ofrece oportunidades, tú tendrás esas oportunidades; dile que nunca obtendrá lo que desea y prevalecerá la decepción. Sin embargo, las creencias contradictorias pueden causar tanta interferencia como la resistencia al cambio. Por ejemplo, si yo le digo a mi inconsciente que tengo liquidez pero albergo la conflictiva creencia de que me resulta difícil aceptar el dinero, sin importar cuánto refuerce mi percepción de liquidez, éste será obstruido. De igual manera, el temor a cualquier otra emoción incómoda que pudiera surgir a raíz de las implicaciones de la liquidez podría encubrir un resultado positivo. Por fortuna, dado que el inconsciente cree y actúa con base en lo que se le dice, también puede enseñársele cómo liberarse de las viejas creencias y de las emociones no saludables y superar la resistencia.

Con el fin de controlar la participación de tu inconsciente mientras acondiciona sus músculos de dinero, practica la siguiente técnica; es un método basado en la perspectiva de *Be Set Free Fast* (BSFF)[1] desarrollada por el psicólogo Larry Nims. Primero elige lo que yo llamo una "palabra de poder", que puede ser cualquier palabra o frase corta que quizás, a diferencia del término *dinero*, no tenga una carga emocional para ti.

Mi palabra de poder es *magnífico*. Algunos ejemplos de frases que mis clientes de asesoría han utilizado son *shazam, libertad, paz, hazlo,* y *vamos, chica.*

A continuación, lee la siguiente declaración en voz alta para alertar a tu inconsciente de los resultados que deseas que te presente:

---

[1] Libérate pronto. [N. del T.]

Inconsciente, cada vez que me percate de un problema, incomodidad, creencia o comportamiento del cual pretenda liberarme, tú emplearás la siguiente palabra de poder para eliminar todas las raíces del problema, incomodidad emocional, creencia o comportamiento.

También aplicarás esa palabra de poder para fijar cualquier declaración de intención, afirmación o nueva creencia que yo haga. La palabra de poder que voy a utilizar es _____ .

Si más tarde decides cambiar tu palabra de poder, repite la declaración y, como conclusión, di: "Inconsciente, ahora voy a utilizar la palabra de poder _____".

El propósito de este método es que la palabra de poder dispare el inconsciente para liberar hábitos disfuncionales y fije los funcionales. Una declaración de liberación, seguida por tu palabra de poder, podría ser cualquiera de las siguientes: "Libero la creencia de que no puedo cambiar", "Libero mis expectativas de error", "Libero mi temor al cambio", "Libero mi necesidad de criticarme" o "Libero mi necesidad de ser desidioso".

La fijación de una intención, afirmación o nueva creencia, seguida de tu palabra de poder, representa tu disposición y tu deseo de adoptar un hábito más funcional. Una declaración de intención podría ser así: "Estoy dispuesto a (quiero, me permito) mejorar mi relación con el dinero". Una afirmación, que presenta una situación determinada como si fuera un hecho, debe formularse de la siguiente forma: "Estoy cómodo con el cambio". Por otra parte, una nueva creencia debe formularse como nos referimos a algo que somos capaces de lograr, como: "Puedo mejorar mi situación económica". También es posible combinar la fijación de un deseo con la liberación a través de tu palabra de poder, por ejemplo: "Ya no estaré estancado y manifiesto libertad".

Cualquier secuencia que prepares para liberarte de un hábito y fijar otro debe hacerse con facilidad y sentirás sus efectos en tu interior. Sólo repite cada declaración y tu palabra de poder. Agrega tantas declaraciones como necesites hasta que notes una liberación singular de tensiones o una sensación de bienestar general. Al utilizar tu palabra de poder para liberarte de una emoción incómoda recurrente, enfócate en la emoción y repite tu palabra de poder hasta que la emoción se disipe.

Para superar la resistencia inducida por la torpeza del cambio, puedes trabajar con una secuencia como la siguiente:

- Libero mi necesidad de sentirme atorado en la torpeza del cambio. (Palabra de poder)
- Libero mi necesidad de resistencia. (Palabra de poder)
- Libero mi temor al cambio financiero. (Palabra de poder)
- Estoy dispuesto a enfrentarme a las consecuencias del progreso. (Palabra de poder)
- Me doy permiso de disfrutar el cambio de mi posición financiera. (Palabra de poder)
- Puedo realizar estos cambios y aún sentirme seguro. (Palabra de poder)
- Puedo realizar estos cambios y no estar solo. (Palabra de poder)
- Me siento cómodo con el cambio. (Palabra de poder)
- Libero mi resistencia y manifiesto el cambio. (Palabra de poder)

Por otra parte, para superar los impedimentos inducidos como respuesta a una amenaza a la identidad, puedes lograr mejores resultados con la siguiente secuencia:

- Libero mi necesidad de mantener mi identidad actual. (Palabra de poder)

- Libero mi temor a crear una nueva identidad financiera. (Palabra de poder)
- Libero mi temor a ser incapaz de cambiar mis conductas financieras. (Palabra de poder)
- Quiero cambiar mi manera de manejar el dinero. (Palabra de poder)
- Estoy dispuesto a superar las incomodidades de este cambio. (Palabra de poder)
- Soy capaz de manejar el dinero de una manera más cómoda. (Palabra de poder)

Utilizar tu palabra de poder de esta manera te proporcionará una sensación de control sobre los hábitos que ya son obsoletos y que podrán obstruir tu progreso financiero. De hecho, con frecuencia disminuirás o eliminarás la carga emocional que causa el bloqueo.

Invitar a tu inconsciente a participar en el cambio de tu posición financiera sustituye pensamientos, creencias, emociones y conductas derrotistas por constructivos; por ello sirve como una potente fuerza de acondicionamiento. Adecuado a tus necesidades, este método puede eliminar barreras independientes hacia el cambio progresivo y hacia la prosperidad.

EJERCICIO 2

Desarrolla una conciencia financiera

> Crear una gran fortuna requiere de gran valentía y gran precaución, y cuando la tengas, son necesarias diez veces más habilidades para mantenerla.
>
> RALPH WALDO EMERSON

Con frecuencia, los fisicoculturistas serios aprenden acerca del funcionamiento de varios grupos musculares, la fisiología de la masa muscular y el equipo de ejercicios disponible para desarrollarla. De igual manera, el desarrollo de fuertes músculos de dinero requiere de conocimiento acerca del mundo financiero, las maneras de acumular los rendimientos y las herramientas útiles para la administración de fondos; en resumen, conciencia financiera.

La comprensión de cómo generar, incrementar y administrar el dinero proporciona un fundamento para adquirir fortaleza financiera, definida por un flujo de efectivo consistente, fondos de ingresos adicionales e inversiones exitosas. No obstante, resulta irónico que mucha gente que anhela este tipo de fortaleza no se anima a aprender finanzas y técnicas de administración de dinero.

Con mucha frecuencia, su actitud dubitativa puede trazarse como un camino de bloqueos y obstáculos en forma de actitudes y conductas arraigadas, que, una vez descubiertas, pueden removerse con facilidad.

SUPERA LA IMPRECISIÓN FINANCIERA

El bloqueo o tropiezo más frecuente es una condición que yo llamo *síndrome de imprecisión financiera* (SIF), el cual se caracteriza por no llevar registros financieros, evitar la conciliación de chequeras, dejar facturas sin abrir, cheques rebotados y gastos que superan el límite de las tarjetas de crédito. Los síntomas del SIF incluyen temores generalizados acerca de no contar con fondos suficientes para pagar cheques o cumplir con las obligaciones financieras, una incapacidad percibida de generar ingresos adicionales, la constante duda de adónde se ha ido el dinero y preocupaciones económicas acerca del futuro.

Si tú muestras síntomas rutinarios del SIF, debes comprender que es probable que carezcas de hábitos establecidos para manejar el dinero y el mundo de las finanzas. Date cuenta también de que, dado que los individuos relacionan su valor como personas con la cantidad de dinero que tienen, el hecho de administrar las finanzas personales puede disparar emociones no placenteras de manera automática. Con el fin de clarificar este tipo de reacciones, tal vez tú evites enfrentarte a los números asociados con tus finanzas de forma inconsciente. Peor aún, dado que es raro que las escuelas impartan clases de finanzas personales, quizás tú formes parte de las muchas personas que carecen de familiaridad con los términos financieros, lo cual conduce a la vergüenza de pedir ayuda.

Sin importar la causa de tu SIF, reconoce la naturaleza temporal de la incomodidad que acompaña a la desacostumbrada claridad acerca de las finanzas. La mayoría de la gente con la cual trabajo descubre que, al disminuir su SIF, encuentra una nueva sensación de seguridad, estabilidad y confianza en su habilidad para mantener la riqueza. La incomodidad pasajera que proviene de prestar más atención a las finanzas puede compararse con la musculatura adolorida que resulta de un nuevo programa de ejercicios.

MÉRITOS DE ENFRENTAR LA RESISTENCIA

Mucha gente atrapada en el SIF se resiste a desarrollar conciencia financiera a pesar de reconocer su valor. Los puntos más comunes de resistencia involucran actividades que clarifican la imagen financiera propia porque pueden estimular pensamientos y emociones asociados con indiscreciones financieras pasadas o condiciones como bajos ingresos o deuda excesiva. La resistencia también prevalece entre la gente que, nueva en el mundo de las finanzas, pretende incrementar sus conocimientos al respecto ahogándose en periódicos, libros y medios de comunicación masiva. El lenguaje de las finanzas puede ser confuso y desconcertante para cualquier persona que ignore sus particularidades. Al aceptar dicha resistencia como normal, un intento individual de incrementar su conciencia financiera puede llevar pronto hacia una posición de fortaleza financiera.

A los 48 años de edad, Naomi conoció la importancia de hacerse cargo de su dinero porque su amiga Sheila acababa de pasar por un tratamiento contra el cáncer de seno y sus fondos eran muy escasos. Sheila convenció a Naomi de ahorrar como medida preventiva. Sin embargo, a pesar de sus nobles intenciones, Naomi permaneció en la ignorancia acerca de los procedimientos de administración del dinero, incluidas las opciones de ahorro e inversión disponibles en su lugar de trabajo. Muy poco después de que comenzamos a trabajar juntas, ella admitió que la simple idea de mirar su perfil monetario le causaba "escalofríos" porque había tomado decisiones muy pobres en el pasado, incluso prestar dinero a amigos que nunca le pagaron.

No pasó mucho tiempo antes de que Naomi se diera cuenta de que su resistencia era una reacción normal de vergüenza por sus decisiones previas y que podía superarla con sólo observar más de cerca sus finanzas. De inmediato comenzó a llevar un registro de su dinero. Después le pidió a un compañero de trabajo, quien leía el *Wall Street Journal* todos los días en la oficina, que le permitiera llevárselo a casa al final de la jornada. Para su gran sorpresa, ella disfrutaba de las historias ocasionales y de los consejos sobre administración financiera que encontraba en la sección de Diario Personal. A veces compartía su excitación al día siguiente con su compañero de trabajo, a pesar de que se sentía un tanto extraña, lo cual allanó el camino hacia interesantes discusiones.

Pronto, Naomi notó que el hecho de dar pequeños pasos hacia el mundo de las finanzas modificaba su autoconcepto. Se percibió más madura y responsable y, casi sin esfuerzo, comenzó a gastar dinero con mucha más comprensión de su repercusión en su flujo de efectivo. Cuatro meses después de que comenzamos a trabajar juntas, Naomi abrió una cuenta de ahorros en la cual depositaba 5% de sus ingresos. Con el tiempo incrementó sus depósitos a 10%. Cada vez que caía en un estado de desorientación, ella reenfocaba su atención en el objetivo de establecer un ahorro confortable para sí misma. Tan exitosos fueron sus esfuerzos que no sólo cumplió con su programa regular de depósitos a su cuenta de ahorros sino que se las arregló para volar a Francia para celebrar su quincuagésimo cumpleaños.

La conciencia financiera y el factor de identidad

La conciencia financiera produce resultados efectivos debido a su capacidad de presionar a una persona más allá de su resistencia, inducida por el factor de identidad, hacia una identidad expandida. Al adquirir conciencia financiera, un individuo que antes había comprendido muy poco su posición financiera o el mundo de las finanzas puede comenzar a pensar en maneras más prácticas de manejar sus cuentas personales o incluso de incursionar en el mundo de las inversiones. Con un aumento de conciencia, la actitud irreflexiva hacia el pago de deudas o el ahorro de dinero puede transformarse en conductas más adultas, como cumplir un plan de gastos o ahorrar.

A medida que emergen estos comportamientos y muchos más a los cuales no estás acostumbrado, puedes sentirse desorientado durante un tiempo, en especial cuando seas confrontado por amigos o miembros de tu familia que no estén relacionados con tu recién descubierto conocimiento y sentido de responsabilidad fiscal. Quizá sea tentador responder de manera defensiva a sus provocaciones y faltas de respeto o volver a los viejos hábitos con el fin de restablecer los vínculos familiares. En cambio, mucha gente opta por evitar tomarse las reacciones de los demás a título personal y busca mejorar esos vínculos.

Tu relación con el dinero refleja tu relación contigo mismo. Lo anterior significa que el aumento de tu conciencia sobre tus finanzas personales refleja una comprensión más profunda de cómo te has tratado y de cómo has interactuado con el mundo que te rodea. Con este conocimiento estarás preparado para tomar decisiones más fundamentadas y avanzarás hacia una posición cada vez más satisfactoria de fortaleza financiera.

Acciones

Cada una de estas acciones está diseñada para aceptar una conciencia financiera mejorada. Introdúcelas poco a poco en tu rutina regular; el rango ideal es una o dos por semana.

Mucha gente nota que a medida que se incrementa su conciencia no sólo comienza a realizar cambios automáticos sino que las nuevas oportunidades de crecimiento se presentan solas.

1. Establece una referencia

El uso del siguiente formato de valor neto personal te ayudará a establecer una referencia contra la cual medirás tu progreso mientras desarrollas tu conciencia de realidades financieras. Para comenzar, fotocopia el formato y después apunta los datos apropiados. Archiva la declaración llena en tu diario de prosperidad como referencia futura. A medida que anotes las cantidades ten en mente que nadie

Valor personal neto	
Activos	
Efectivo a la mano	$
Efectivo (ahorros)	$
Efectivo (cuenta de cheques)	$
Cuentas en mercado de dinero	$
Certificados de depósito	$
Acciones	$
Bonos	$
Fondos mutuos	$
Cuentas de retiro	$
Ropa (valor de mercado)	$
Joyería (valor de mercado)	$
Muebles	$
Colecciones	$
Automóviles	$
Otros vehículos	$
Casa u otra residencia personal	$
Otros bienes raíces	$
Valor en efectivo de seguro de vida	$
Otros	$
Activos totales	$

Deudas	
Deuda total de tarjetas de crédito (formato de abajo)	$
Hipoteca sobre la casa	$
Otras hipotecas	$
Préstamos sobre el valor de la casa	$
Préstamos sobre el valor del automóvil	$
Otros préstamos importantes	$
Cuentas importantes	$
Deudas de impuestos	$
Otras deudas	$
Total de deudas	$

Deuda en tarjetas de crédito			
Compañía	Número de cuenta	Porcentaje de interés	Balance
			$
			$
			$
			$
			$
			$
Total de deuda en tarjetas de crédito			$

Total de activos – total de deudas = valor neto	
Total de activos	$
Total de deudas	$
Valor neto	$

te juzga por ellas, excepto, tal vez, la voz crítica en tu cabeza. Si al principio te resistes a determinar su valor neto, investiga tus dudas y utiliza las reflexiones resultantes para superar la imprecisión financiera. En cualquier caso, el hecho de compartir esta experiencia con un amigo puede disminuir la incomodidad.

2. Define tu relación con el dinero

Definir tu relación con el dinero puede ser menos intimidante y muy informativo. El objetivo de las siguientes declaraciones es servir como punto de partida. Fotocópialas, palomea las que apliquen en tu caso, agrega cualquier declaración adicional que se te ocurra, anota la fecha y archiva la lista completa en tu diario de prosperidad.

___ Me siento cómodo en términos financieros y ahorro mis ingresos adicionales.

___ Me siento cómodo en términos financieros y ahorro mis ingresos adicionales pero me gustaría ganar más dinero.

___ Tengo suficiente dinero para satisfacer mis necesidades y disfrutarlo, pero no es suficiente para invertir en mi futuro.

___ Gano suficiente para pagar todas mis cuentas y no endeudarme, pero no hay dinero para gastos adicionales o para ahorrar.

___ Soy muy cuidadoso con mi dinero y tengo suficiente para satisfacer mis necesidades, pero desearía ser más libre al respecto.

___ Soy muy tacaño con mi dinero y odio gastarlo.

___ Gano suficiente dinero para cubrir mis gastos actuales pero no mis obligaciones pasadas, como préstamos universitarios y dinero que me prestaron mis amigos.

___ Con frecuencia gasto más de lo que gano en un mes y utilizo las tarjetas de crédito para cubrir el déficit.

—— Trabajo para mí mismo y siempre temo quedarme sin dinero.

—— Con frecuencia me falta dinero para pagar mis cuentas mensuales.

—— Estoy muy endeudado y no encuentro la manera de salir de mis deudas.

—— Gano menos dinero del que puedo generar.

—— No me gusta pagar impuestos y nunca declaro mis verdaderos ingresos.

—— Compro mucho y con frecuencia adquiero artículos que no necesito.

—— Con frecuencia presto dinero a otras personas.

—— Presto dinero a personas que no me pagan.

—— Rara vez hago un balance de mi chequera.

—— No estoy seguro de cuánto dinero debo a mis acreedores.

—— Cuando siento la urgencia de comprar algo lo hago de inmediato.

—— Me avergüenza mi manera de manejar el dinero.

—— No sé lo suficiente acerca de invertir el dinero.

—— Me parece que el tema de las inversiones financieras es muy aburrido.

—— El dinero no es importante para mí.

3. Lleva un registro de tus ingresos y egresos

Comienza a llevar un registro de tu dinero; carga contigo una pequeña libreta o agenda y anota todo el dinero que ganes y gastes, incluso el cambio en monedas para el parquímetro. Por ahora, sólo anota la descripción y la cantidad de cada transacción, sin agregar nada más. Después, al menos tres veces por semana, captura en tu programa financiero computarizado todos tus ingresos así como todos los cheques emitidos y los cargos autorizados a tu tarjeta de crédito.

Si experimentas resistencia a llevar un registro de tu dinero, observa tus reacciones. Por ejemplo, mucha gente que tiende a la desidia cuando se trata de comenzar se castiga a sí misma por no hacer lo que "debería" hacer. Si tú también eres desidioso y comienzas a envolverte en un diálogo crítico interno, pon atención a tus pensamientos y emociones, anótalos en tu diario de prosperidad y también compártelos con tu compañero de prosperidad con el fin de difuminar la carga emocional.

4. Presta atención a las noticias financieras

Desarrollar conciencia financiera significa llegar a comprender no sólo tu imagen financiera sino el funcionamiento del mundo del dinero. Sin importar lo tentador que pueda resultar evadirte cuando escuchas noticias financieras, el hecho de entrenarte a prestar atención a ellas te ayudará a tomar mejores decisiones. Por diversión, piensa en las noticias financieras como historias de interés humano en las cuales los personajes son empresas, directores, empleados y clientes. Puedes comenzar por leer los encabezados en la sección de negocios de tu periódico local o en uno o más de los sitios *web* enlistados en las páginas 185 a 188, al final de este libro. Cuando encuentres un encabezado que te interese, lee el artículo con actitud receptiva. La lectura de periódicos internacionales como el *Wall Street Journal* o revistas como *Forbes*, *Money* o *Business Week* puede ayudarte a eliminar la confusión acerca del mundo de las finanzas. Si no están a tu alcance, consulta las secciones de negocios de los periódicos locales.

5. Aprende sobre instrumentos financieros

Con el objeto de evaluar un equipo para hacer deporte, quizás tú acudas a una tienda de artículos deportivos o a un gimnasio donde puedas probar varios aparatos para hacer ejercicio y levantar pesas. Tal vez también desees entrevistar a algunos entrenadores personales o a los asesores de un club para saber cómo podrían ayudarte en tu programa de desarrollo muscular. El equipo que necesitas para desarrollar los músculos del dinero puedes encontrarlo en bancos, casas de inversiones, escuelas, tiendas de programas computacionales, librerías, bibliotecas e internet. También hay personal disponible, como empleados de banco, asesores financieros, consejeros de crédito y *coaches*, todos los cuales están preparados para guiarte en tu proceso de esculpir, tonificar y estirar tus músculos de dinero.

Cuando estés listo para conocer los instrumentos financieros, recuerda que no necesitas tener ningún conocimiento previo. Entre las posibles opciones se encuentran las siguientes:

- Habla con el representante de atención a clientes de un banco y pregúntale acerca de cuentas de cheques, planes de ahorro, certificados de depósito y fondos de inversión. Averigua las tasas de interés que ofrecen y si aplica alguna restricción a las cuentas, como el número de retiros permitidos durante un periodo específico. Ten en mente que el banco es como una tienda y tú eres el cliente. Ellos quieren que hagas crecer y cuides tu dinero, porque así es como ellos generan sus utilidades.

- Determina si alguna escuela en tu localidad imparte clases de finanzas personales o instrucción en programas computacionales de administración financiera. Evalúa las ofertas en relación con tus necesidades inmediatas, nivel actual de conocimientos e intereses.

- Examina los programas computacionales diseñados para manejar las finanzas personales. Si eres propietario de un negocio, evalúa los programas profesionales de contabilidad.

Lee la información impresa en los empaques y consulta a un vendedor que conozca bien el producto. Habla con amigos o asociados de negocios acerca del programa que ellos utilizan, lo que les gusta y les disgusta del programa, la curva de aprendizaje que experimentaron después de instalar el programa en sus computadoras y la calidad del soporte técnico disponible. Cuando hayas terminado de reunir hechos, decide cuál programa satisface mejor tus necesidades y disponte a instalarlo en tu computadora.

• En una librería o biblioteca, examina los títulos sobre finanzas, revisa las portadas y las tablas de contenidos en busca de información de tu interés.

• En internet, visita sitios que ofrezcan noticias sobre finanzas, calculadoras, boletines gratuitos, comparaciones entre tasas de interés, información sobre inversiones y cualquier otro tema de interés (consulta las listas de sitios clave en las páginas 185 a 188). Con sólo navegar en estos sitios aumentarás tu conciencia financiera.

6. Cuestiona los mensajes financieros de los medios

La economía de Estados Unidos y de muchas otras naciones desarrolladas depende del gasto de los consumidores. En esas partes del mundo, la publicidad en los medios de comunicación masiva e internet, producida por expertos en manipulación psicológica, instan a la gente a comprar gran cantidad de bienes y servicios no esenciales. Las empresas de tarjetas de crédito motivan a adquirir más deudas al ofrecer promociones que incitan a los compradores a usar el crédito en lugar de los fondos disponibles y, por tanto, gasten más dinero del que tienen.

Para aumentar tu conciencia financiera, percibe los anuncios impresos, transmitidos y en línea desde un punto de vista escéptico. Al ver más allá de su fascinante presentación, presta atención a las palabras utilizadas para motivarte a comprar, en especial si se mencionan términos relativos al crédito, como "a un año sin intereses". Las letras pequeñas en esos anuncios por lo regular indican que, si no pagas la deuda completa en el tiempo determinado, el resultado será que te carguen intereses sobre el monto total de la compra desde el principio y durante el tiempo que haya durado la posesión del bien o servicio.

Cuando recibas ofrecimientos de tarjetas de crédito, presta atención a tasas de interés, tarifas y penalizaciones. Por lo regular, las atractivas ofertas de tasas de interés bajas son efectivas durante un tiempo limitado y después se convierten en tasas mucho más altas. Las tasas de interés pueden incrementarse de manera espectacular en respuesta a un pago retrasado o al simple capricho de la empresa de tarjetas de crédito. También sé cauteloso con las ofertas de apariencia ventajosa de transferir las deudas a cero por ciento de interés, pues las empresas de tarjetas de crédito cuentan con que los clientes mantendrán la deuda mucho tiempo después de que expire la oferta; es entonces cuando las compañías pueden cobrar sustanciosas tasas de interés.

Además de lo anterior, al comprar examina los anuncios de venta que ofrecen: "Compre uno y llévese otro al 50% de descuento" o "Compre uno y llévese otro gratis". Traduce los términos para que puedas comprender el descuento real que, en el caso de la primera oferta descrita, es de 25%, y en la segunda, de 33%. Después pregúntate si necesitas más de un producto del mismo tipo.

7. Observa los precios

Conviértete en un consumidor informado y cuida tu presupuesto al observar los precios que pagas por los artículos que adquieres. Al comprar, calcula el monto total de tu compra antes de llegar a la caja. También relaciona los precios con la cantidad de tiempo que debes trabajar para comprar los artículos; para calcular este factor de tiempo, divide el precio de un artículo entre tu salario por hora después de impuestos. Después pregúntate si vale la pena que trabajes esa cantidad de tiempo para adquirir ese producto. Adquirir conciencia del valor de los bienes y servicios en términos del esfuerzo requerido para comprarlos te ayudará a tomar decisiones financieras más sabias.

8. Solicita un reporte de crédito

Pide un reporte de crédito (observa la página 186) y confronta tu historia financiera. Al examinar tu reporte de crédito podrás deshacerte de tus temores a lo desconocido y tendrás mayor control sobre tus finanzas. Por ejemplo, las notas inválidas que pueden afectar en sentido negativo un historial crediticio aparecen en los reportes de crédito, así que si encuentras una en tu reporte, puedes hacer que la eliminen. Otro ejemplo: si tu historial crediticio es menos que estelar, puedes explorar tus sentimientos al respecto, aceptar sin vergüenza tus decisiones financieras pasadas y limpiar tu historial de manera que puedas seguir adelante con tu vida. No caigas en la trampa de creer que estás tan endeudado que no importará si tu deuda empeora un poco más. Esa idea puede hacer imposible que aprendas a confiar en ti mismo en tu relación con el dinero.

9. Evalúa tu resistencia a la conciencia financiera

Si luchas contra el síndrome de imprecisión financiera, considera la posibilidad de establecer un nuevo hábito y un nuevo concepto de ti mismo como una persona astuta en términos financieros; ambas acciones requieren tiempo y determinación. Para expandir tu identidad financiera, formúlate las siguientes preguntas y ten presente que la resistencia es normal y nadie juzgará tu rango de progreso:

- ¿Cómo amenaza mi concepto de quién soy el hecho de elevar mi nivel de conciencia financiera?
- ¿Quién seré si me libero de mi imprecisión financiera?
- ¿Qué me causa temor de ser responsable en términos financieros?
- ¿Cómo afectará mi posición entre mis amigos y familiares el hecho de convertirme en una persona astuta en términos financieros?

10. Utiliza tu palabra de poder para progresar

Aplica tu palabra de poder para ayudarte a liberar cualquier resistencia hacia una mayor conciencia financiera. Aquí te presento algunas sugerencias de declaraciones:

- Libero mi necesidad de imprecisión financiera. (Palabra de poder)
- Quiero adquirir conciencia financiera. (Palabra de poder)
- Estoy dispuesto a adquirir conciencia financiera. (Palabra de poder)
- Me doy permiso de tener conciencia financiera. (Palabra de poder)
- Libero mi temor a descubrir mi valor neto. (Palabra de poder)
- Libero mi incomodidad de enfrentar números financieros. (Palabra de poder)
- Deseo conocer mi valor neto. (Palabra de poder)
- Libero mi resistencia a llevar un registro de mi dinero. (Palabra de poder)

- Estoy dispuesto a llevar un registro de mi dinero. (Palabra de poder)
- Llevo un registro de mi dinero todos los días. (Palabra de poder)
- Disfruto de estar consciente en términos financieros. (Palabra de poder)

11. Prémiate con frecuencia

Prémiate con una celebración cada vez que aprendas algo nuevo acerca del mundo de las finanzas. Honrar el éxito estimula el deseo por más éxitos y es una manera de habituarse a las conductas productivas. Considera alguna de estas celebraciones.

- Inventa tu propio baile de felicitación para expresar tu emoción, como los que hacen los jugadores de futbol americano después de anotar un *touchdown*.
- Sé indulgente hacia alguna actividad deseada que hayas postergado.
- Concédete un día libre de quehaceres hogareños.
- Haz algo que sea inusual para ti pero que satisfaga un deseo secreto.

EJERCICIO 3

Identifica patrones financieros y temas emocionales subyacentes

> Si una persona corrige su actitud hacia el dinero, esto le ayudará a fortalecer casi cualquier otra área de su vida.
>
> BILLY GRAHAM

Antes de diseñar un programa de acondicionamiento físico para un cliente, un entrenador personal tomará en cuenta el nivel de condición física, las prácticas de nutrición y los antecedentes de ejercicio de la persona. De igual manera, un programa de acondicionamiento financiero incorpora la comprensión de los patrones financieros recurrentes de la persona y su conexión con los temas emocionales subyacentes. Los individuos que identifican sus patrones financieros operativos y las emociones subyacentes mejoran su posición financiera invariablemente.

Para Robert, de 52 años, quien luchaba para pagar sus cuentas y también ahorraba un poco de dinero, el hecho de establecer esta conexión lo impulsó a mejorar sus ingresos. Robert se dio cuenta de que su crónica falta de fondos era resultado de un persistente sentimiento de privación, el cual pudo rastrear hasta sus orígenes. Esta revelación disparó un deseo en su interior por asegurarse de generar más dinero del necesario y lo guió hacia un flujo de efectivo mayor y a una sensación de satisfacción.

Patrones financieros comunes

Casi todas las situaciones financieras reflejan uno de los tres patrones generales: percibir que uno tiene menos dinero del suficiente, sólo lo suficiente o más del suficiente. El término *suficiente* es relativo y personalizado. Para algunas personas, satisfacer sus necesidades básicas es suficiente, y esto genera una sensación de satisfacción y seguridad; para otras, no importa cuánto dinero acumulen pues, según su percepción, siempre necesitan más. El cuadro 3.1 ilustra estos patrones y sus principales características así como los pensamientos, creencias, comportamientos y relaciones dinámicas que los acompañan.

En un inicio podría parecer que la gente que percibe que tiene menos del dinero suficiente experimenta una inconformidad constante y que aquella que tiene más dinero del suficiente vive en un estado de placer y satisfacción. Sin embargo, la realidad es que ambos patrones financieros se correlacionan con un amplio rango de estados emocionales. La gente que cree que tiene menos del dinero suficiente, a pesar de enfrentarse a dificultades financieras, puede disfrutar de la compañía de sus familiares y amigos, participar en actividades sociales satisfactorias y experimentar el éxito en las áreas no financieras de la vida. Al mismo tiempo, la gente que percibe que tiene más dinero del necesario quizá se enfrente a problemas familiares o laborales, se sienta insatisfecha en sus aspiraciones creativas, sufra constantes decepciones o tenga relaciones conflictivas.

No obstante, dado que las situaciones financieras se crean por pensamientos, creencias y emociones, una persona puede disfrutar más de las bondades de la vida si transforma sus PCE limitantes. Cuando esto ocurre, se hace posible avanzar a lo largo del proceso ilustrado en la figura 3.1, de un patrón financiero "menos que suficiente" a otro "más que suficiente"; en ese punto, la gente puede enriquecer su vida con un conjunto de características más edificante.

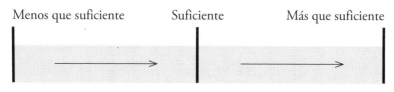

Figura 3.1.

Desafortunadamente, la mayoría de la gente permanece en una posición fija a lo largo de la primera mitad de este proceso durante su vida adulta y se confina a un patrón financiero limitante habitual y a las características que lo acompañan. Incluso será raro que una persona que avance durante varios años antes de regresar a su posición previa haya establecido un nuevo patrón.

Lo mismo puede decirse de aquellos individuos cuyo patrón podría describirse mejor como un cambio frecuente de posiciones de atrás hacia adelante y viceversa. El ingreso de Jim, por ejemplo, fluctuaba de acuerdo con la economía de la empresa de manufactura para la cual trabajaba. A pesar de que su salario base permanecía igual, excepto por incrementos periódicos de acuerdo con el costo de vida, la cantidad de dinero que recibía por el tiempo adicional que trabajaba era variable. Durante años con amplias oportunidades de trabajar horas adicionales, él lo hizo y, gracias a ello, él y Laura, su esposa, se deleitaron pagando sus deudas y haciéndole arreglos a su casa. Después siguieron meses donde hubo poco trabajo adicional, lo cual obligó a Jim y a Laura a volver a las deudas y a la miseria en muchas áreas de su vida. A pesar de que las apariencias indican que estas fluctuaciones de ingresos eran causadas por eventos más allá de su control, ellos me confiaron que sentían la necesidad de expresar la sensación de privación estimulada en ellos a través de las altas y las bajas en los ingresos de Jim. Incluso sospechaban que quizás habían elegido ese empleo entre otros dos más porque éste les permitiría representar sus sentimientos de privación.

Cuadro 3.1. Patrones financieros comunes

	Menos que suficiente	Sólo lo suficiente	Más que suficiente
Características	Sensación de necesidad y carencia. Autoimagen pobre. Enfoque en el pasado, con preocupaciones sobre el futuro.	Sensación de adecuación. Autoimagen baja. Enfoque y preocupación por el futuro con arrepentimientos sobre el pasado.	Sensación de abundancia. Autoimagen saludable. Enfoque en el presente con expectativas positivas del futuro.
Pensamientos	"Voy a quedarme sin dinero y no hay nadie que me ayude." "Desearía que alguien se hiciera cargo de mí." "Si sólo pudiera ganarme la lotería." "Me pregunto a quién podría pedirle que me preste dinero." "Nunca tendré lo que deseo." "Odio esta lucha financiera." "Debe haber algo malo en mí porque no puedo generar dinero."	"Si sólo tuviera un poco más de dinero, me sentiría cómodo." "Desearía saber cómo obtener lo que quiero." "Nunca tendré dinero suficiente para jubilarme." "Debe haber algo más que yo debería hacer para escapar de esta rutina."	"La vida es buena." "Mi trabajo es excelente." "Me gusta mi vida." "Estoy agradecido por disfrutar de esta abundancia." "En verdad soy afortunado." "Me gusta compartir la buena fortuna con los demás." "Aprecio todo lo que tengo."
Creencias	"No valgo nada." "No hay suficiente para todos." "Debe haber algo malo en mí." "La gente como yo no puede generar dinero." "Soy pobre." "El dinero es la raíz de todo mal." "No es espiritual tener dinero." "Es noble ser pobre." "Si soy pobre, la gente sentirá lástima de mí."	"La gente rica no es buena." "No merezco los lujos." "El lujo es malo." "No tomaré buenas decisiones de inversión, así que el hecho de no tener ingresos adicionales me mantiene seguro." "No me siento seguro." "Si tengo más ingresos, la gente querrá mi dinero." "No es seguro ser rico."	"Éste es un mundo abundante." "Tengo derecho de tener todo lo que poseo." "Está bien ser rico." "La riqueza es buena." "Merezco." "Soy una buena persona." "Soy confiable." "Hay suficiente para todos." "La gente rica puede ser amable y generosa."

		"Si soy rico, nadie me querrá." "Los ricos no van al cielo."	
Emociones	Necesitado, vacío, solo, inadecuado, sin valor, sin apoyo, defectuoso, insatisfecho, deprimido, sensación de ruina inminente.	Frustrado, poco apreciado, invisible, aburrido, limitado, bloqueado.	Independiente, satisfecho, seguro, gozoso, generoso, orgulloso, respetado, confiable, conectado, apreciado, aceptado, reconocido, amado.
Comportamientos	Deuda crónica. Pago tardío de cuentas. Imprecisión financiera. Rebote de cheques. Sueños de tener mucho dinero. Evasión de impuestos. Obsesión con dramas de rescate financiero.	Vivir quincena tras quincena. Deudas periódicas. Ocasional pago tardío de cuentas. Estrategias para el pago de cuentas. Llevar registro del dinero de mala gana y de manera esporádica.	Solvente. Hábil en el manejo de dinero. Caritativo. Generoso. Curioso acerca de las inversiones. Adepto a tomar decisiones razonables sobre inversiones.
Relación con el dinero	Conflictiva. Inestable. Vaga. Lucha constante. Desconfianza.	Indiferente. Vacilante.	Cómodo. Estable. Cariñoso. Respetuoso. Confiable.
Relaciones con uno mismo y con los demás	Aislamiento. Complacer a la gente. Con pocas relaciones íntimas. Autocrítica. Necesitada. Codependiente. Incómoda en la expresión de emociones. No muy hábil para establecer límites. Desconfianza. Restricción. Controladora o controlada.	Tener un pequeño círculo de amigos. Anhelar más contacto humano. Temor a correr riesgos en ámbitos sociales.	Activo en términos sociales. Bien apoyado por amigos y socios. Fuertes habilidades interpersonales. Adepto a crear redes de contacto. Cómodo con la gente. Bueno para establecer límites. Automotivado.

TEMAS EMOCIONALES BÁSICOS

A pesar de que toda emoción puede expresarse a través de las finanzas, en mi experiencia las situaciones financieras más incómodas reflejan una o más de las siguientes: abandono, vergüenza, enojo, privación y sensación de estar atrapado. Descubrir estos impulsos emocionales es de gran ayuda para romper los patrones financieros habituales, pero la tarea es desafiante. Para comenzar, cuando los temas básicos son representados a través de los dramas financieros, es raro que se presenten de inmediato; en cambio, puede surgir una gran variedad de sentimientos relacionados (observa el cuadro 3.2).

Otra dificultad involucrada en acceder a los temas emocionales es que éstos tienen más relación con las relaciones humanas que con el dinero y, por tanto, pueden escapar a nuestro escrutinio. El temor, por ejemplo, el cual parece contribuir al sufrimiento financiero, merece un análisis más meticuloso y no en relación con el dinero sino con el abandono; en específico, se refiere al temor del individuo a quedarse solo. Desde esta perspectiva, el temor a quedarse sin dinero se correlaciona con el temor a quedarse solo. De hecho, muchos problemas monetarios posteriores al divorcio, a la muerte de un ser querido o a una separación mayor de cualquier tipo se asocian con la sensación de quedarnos solos. De igual manera, con frecuencia la pena derivada de la pérdida de las personas que amamos se representa a través de la pérdida de dinero.

Los cinco temas emocionales básicos operan en un nivel nuclear de supervivencia que de manera inconsciente nos afecta a todos en cierto grado. En el caso del abandono, los individuos que carecen de contacto con otros no progresan, resultado que se observa con frecuencia entre bebés descuidados. Por tanto, puede decirse que el temor a quedarnos sin dinero refleja no sólo el

Cuadro 3.2.

	Representado por	Sentimientos relacionados
Abandono	Falta de fondos disponibles. Pérdida de empleo. Deuda frecuente. Pérdida de dinero por malas inversiones. Dramas de rescate financiero. Préstamos de dinero que no se pagan. Recibir un sueldo bajo. Acumulación de dinero o pertenencias. Tacañería. Rebote de cheques. Victimización a través de un fraude financiero. Pobreza resultado de mala asesoría financiera.	Solo. Aislado. Desconectado. Preocupado por perder o quedarse sin dinero. Sin valor. Inseguro. Temeroso al error. Aterrorizado. Desconfiado. Rechazado. Decepcionado. Traicionado. Deprimido. Sensación de desastre inminente. Anhelante.
Vergüenza	Imprecisión financiera. Deuda crónica. Pago retrasado de cuentas. Comportamientos controladores. Pobres decisiones de inversión.	Baja autoestima. Invisible. Defectuoso. Inadecuado. Culpable.
Enojo	Pedir dinero prestado sin pagarlo. Evasión de impuestos. Victimización financiera. Pago de cuentas muy retrasado. Gastos compulsivos.	Traicionado. Impotente. Abusado. Ignorado. Manipulado. Usado. Frustrado.
Privación	Compras compulsivas. Gastar en exceso en ropa o artículos para el hogar. Acumulación de bienes. Quedarse sin vivienda. Deuda compulsiva.	No amado. No apreciado. Pobre. Aislado. Vacío.
Sensación de estar atrapado	Relaciones difíciles en el trabajo. Aceptar cargas financieras adicionales para ayudar a otros. Trabajar tiempo adicional para cumplir con las obligaciones financieras.	Restringido. Acorralado. Cargado. Limitado. Bloqueado. Insatisfecho.

temor a quedarnos solos sino también a no sobrevivir. Esta comprensión puede aplicarse al terror experimentado por individuos sometidos a un padecimiento financiero severo.

EL PAPEL DE LAS EXPERIENCIAS DE LA INFANCIA CON CARGA EMOCIONAL

Los temas emocionales básicos que subyacen a cualquier patrón financiero por lo general permanecen fuera de la conciencia del adulto porque se originan durante los años formativos de la infancia, que mucha gente no recuerda de inmediato. Cuando los sucesos o las relaciones generan emociones intensas en un niño, se convierten en "experiencias definitivas" cuyos efectos persisten hasta la edad adulta y con frecuencia encuentran la manera de expresarse a través de los dramas financieros. Como ejemplos de experiencias definitivas podemos citar una enfermedad o accidente serios, un cambio repentino en la dinámica familiar, como un divorcio, la muerte o el nacimiento de un nuevo hermano, una mudanza o el abuso continuo de cualquier tipo por adultos o amigos en quienes confiamos. El hecho de establecer la conexión entre un patrón financiero debilitante en la edad adulta y una experiencia definitiva de la infancia estimula la liberación de la carga emocional iniciada en la niñez que, por tanto, abre el camino para que surja un nuevo patrón financiero.

Un momento definitivo en la infancia de Tom subyacía en el corazón de una situación financiera en la cual se encontró a los 47 años. Tom sentía el fuerte deseo de buscar un empleo más desafiante a nivel intelectual y mejor recompensado a nivel financiero, pero evitaba ponerse en acción. Cuando lo conocí, Tom padecía depresión crónica. Él y su esposa deseaban comprar una casa nueva, lo cual significaba que Tom buscara un empleo mejor remunerado. Esta tarea implicaba que él abandonara su actitud evasiva.

La primera emoción que pudimos identificar con claridad era una sensación de desastre inminente que pendía sobre Tom y le impedía avanzar. Él reconoció que lo perseguían amenazadores pensamientos de quedarse sin dinero y de no contar con un sitio para resguardarse. Cuando le pregunté acerca de su historia laboral, él respondió que en tres ocasiones le habían prometido un ascenso y que después, debido a las circunstancias de la empresa, había perdido su empleo y había alcanzado la pobreza antes de encontrar un nuevo trabajo. Cada vez, su emoción se convirtió en decepción, impotencia y confusión. Concluyó que su ansiedad actual se debía a una sensación de desastre dado que había conservado su empleo durante tanto tiempo que podía esperar perderlo y se sentía incapaz de impedir que eso sucediera. Su esperanza era encontrar un empleo mejor remunerado pero su expectativa era el desastre.

Cuando le pedí que recordara un momento de su infancia marcado por una decepción extrema combinada con pérdida, al instante Tom recordó un incidente que ocurrió una Navidad, cuando él tenía seis años de edad. Él y su hermano recibieron muchos regalos que deseaban, los disfrutaron durante una semana, y después de un pleito entre sus padres a causa del dinero, su padre devolvió todos los regalos a la tienda sin darles explicación alguna. Tom se sintió impactado y confuso y, en un ámbito más profundo, abandonado. Al continuar con mis preguntas, Tom recordó incidentes adicionales en los cuales los sentimientos placenteros se transformaron de pronto en una sensación de abandono.

Entonces pudo ver con claridad que su experiencia navideña lo había llevado a creer que al placer puede seguir la decepción y que él era impotente frente a las figuras de autoridad en su vida. Poco después de establecer la conexión entre su situación actual y su trauma a la edad de seis años y de expresar lo abandonado que se había sentido en aquella época, su depresión desapareció. Meses después, Tom pudo encontrar un empleo mejor remunerado y compró la casa que él y su esposa deseaban.

El predicamento financiero de Wanda también representaba una experiencia definitiva de su infancia. Después de un complicado divorcio, Wanda recibió el requerimiento de la autoridad fiscal estadounidense de pagar una elevada cantidad de impuestos para compensar las obligaciones que su esposo no había cumplido. Durante cinco años, ella luchó contra dicha autoridad. Sólo hasta el sexto año logró negociar un acuerdo razonable.

Después de que Wanda me contó esta historia, le pregunté si la situación con el fisco la había hecho sentirse amenazada o víctima, y ella indicó que así había sido. Después le pregunté quién la había hecho sentir así cuando era más joven. Wanda me contó que sus compañeros de primaria con frecuencia se burlaban de ella por tener sobrepeso y utilizar gafas muy gruesas. Ella regresaba a casa con un sentimiento de vergüenza por ser quien era. Al madurar, Wanda adelgazó y se sometió a una cirugía con rayos láser para corregir su vista, lo cual cambió su apariencia de manera espectacular. Sin embargo, su vergüenza infantil permaneció en el fondo de su ser.

Cuando le presenté la idea de que quizás ella había necesitado el drama con el fisco para expresar su vergüenza, Wanda conectó los sentimientos de ser intimidada y víctima del fisco con los mismos sentimientos que tuvo de niña. Si ella hubiera descubierto antes la conexión, el acuerdo final se hubiera dado más pronto porque ella se hubiera liberado de la carga de su vergüenza en la infancia y, por tanto, no habría necesitado un vehículo a través del cual expresar su tema emocional básico. He trabajado con diferentes clientes que enfrentan negociaciones complicadas con el fisco, y una vez que reconocen y liberan sus emociones, las situaciones se resuelven de pronto. En uno de los casos, el empleado del fisco fue remplazado por un agente más accesible; en otro, se presentó una nueva opción y pronto se resolvió el problema.

PATRONES FINANCIEROS, TEMAS EMOCIONALES Y EL FACTOR DE IDENTIDAD

Los patrones financieros y los temas emocionales subyacentes constituyen una parte tan importante del autoconcepto de la gente que cualquier cambio en estos fundamentos puede activar el factor de identidad, lo cual causa una gran resistencia. Por fortuna, una persona consciente de que sus finanzas representan una parte integral de ella en lugar de algo externo se dará cuenta de la importancia de crear una identidad congruente con un flujo de efectivo saludable, lo cual significa cambiar aspectos nucleares de su identidad financiera a pesar de la tendencia a la resistencia.

En este punto, la resistencia al cambio tiende a reforzar una relación disfuncional con el dinero. Una joven mujer que conocí, quien se negaba a modificar su patrón financiero "menos que suficiente", heredó 100 000 dólares. De inmediato comenzó a repartir el dinero con el fin de mantener su autoimagen de persona necesitada. Si, en cambio, ella se las hubiera arreglado para conservar el dinero, es probable que de todas maneras no se hubiera sentido próspera y segura a menos que cambiara los pensamientos, creencias y emociones que contribuían al concepto que tenía de sí misma.

El hecho de superar la influencia del factor de identidad con suficiente eficiencia para desarrollar un sentido de ti mismo como próspero puede compararse con cumplir un programa de ejercicios que poco a poco te ayuda a desarrollar músculos más fuertes, darle mejor forma a tu cuerpo y establecer nuevas relaciones con personas que comparten tu interés por el acondicionamiento físico. Con el paso del tiempo, y a medida que cultivas los PCE necesarios para mantener tu nueva autoimagen, éstos se expresarán en nuevas conductas. Como resultado, tenderás menos a preservar tu antigua posición dentro de tu grupo de amistades y familia de origen. Con paciencia y disciplina, serás capaz de alcanzar y mantener una posición satisfactoria de vida.

ACCIONES

El objetivo de las acciones de este ejercicio es guiarte hacia el descubrimiento de tus patrones financieros y tus temas emocionales subyacentes. Con la comprensión de los escenarios que has representado a través de tus finanzas, estarás equipado para el cambio interior y desarrollarás hábitos financieros más saludables. Las primeras acciones implican cuestionamientos, una manera establecida y duradera de mejorar tu conciencia y tu confianza en ti mismo.

1. Identifica tu patrón financiero

Comienza a identificar tu patrón financiero predominante al responder a las siguientes preguntas:

- ¿Cuánto tiempo has estado en tu situación financiera actual? ¿Consideras que es el resultado de tus PCE habituales?
- Si tu situación actual no es la acostumbrada para ti, ¿cuál sí lo es?
- ¿Tiendes a permanecer en la misma posición financiera o ésta varía de tiempo en tiempo? Si fluctúa, ¿puedes encontrar un patrón subyacente en las alteraciones?
- ¿Cuánto tiempo de tu vida adulta has vivido libre de deudas? ¿Has estado endeudado más tiempo que libre de deudas?

Ahora, en referencia al cuadro 3.1, selecciona las características que apliquen mejor para ti. Después decide dónde te encuentras en el proceso mostrado en la figura 3.1. Describe tu patrón financiero primario en tu diario de prosperidad.

2. *Reconoce tus temas emocionales básicos*

Conecta tu patrón financiero con los temas emocionales que impiden tu progreso al responder a las siguientes preguntas. Registra cada revelación en tu diario de prosperidad:

- ¿Qué te causa incomodidad acerca de tu situación financiera actual? Menciona los sentimientos que ésta estimula.
- ¿Te has visto en un predicamento similar en el pasado? Si es así, ¿evocó este predicamento los mismos sentimientos que experimentas ahora?
- ¿Puedes recordar haber sentido estos sentimientos incómodos cuando eras niño? Si es así, describe las circunstancias.
- ¿Experimentaste otros momentos definitivos en el pasado, en especial sucesos que implicaron pérdidas o separaciones? ¿Algunos de esos momentos se relacionan con sentimientos provocados por tu situación financiera actual?
- ¿Alguna persona implicada en tu situación financiera actual te recuerda a tus padres, hermanos u otras figuras influyentes de tu infancia? ¿Puedes relacionar tus sentimientos presentes con los sentimientos molestos que albergaste hacia esas personas?
- Utiliza el cuadro 3.2 para determinar los temas emocionales que despiertan el conjunto de sentimientos más habituales para ti.

3. Relaciona tu patrón financiero
y tus temas emocionales con tu identidad

Para comprender cómo los cambios en el patrón y el tema que representan tu posición financiera pueden minar tu progreso al generar resistencia, responde las siguientes preguntas:

- Si pudieras mejorar tu posición financiera, ¿qué aspectos de ello serían inusuales para ti?
- Si fueras a incrementar tu ingreso en gran medida, ¿qué te preocuparía acerca de manejar el dinero adicional?
- Si fueras a incrementar tu ingreso en gran medida y desarrollaras habilidades para administrarlo, ¿cómo se afectarían tus relaciones con tus amigos, tu familia de origen y tu pareja?
- ¿Cómo afectaría la prosperidad en tus decisiones acerca de dónde vivir y trabajar? ¿El cambio a otro domicilio representaría que te separaras de las personas con quienes disfrutas estar? ¿Cómo te sentirías a causa de esa separación?

4. Expande tu identidad financiera

El hecho de saber lo que haces acerca del patrón financiero y los temas emocionales subyacentes que determinan la forma en que se usa el dinero sustentan la definición de identidad financiera que ya registraste en tu diario de prosperidad. Primero, identifica tu patrón financiero (menos que suficiente, suficiente, más que suficiente) y elabora una lista de las emociones que experimentas de manera habitual a través de tu uso del dinero. Segundo, define tu posición financiera respecto de tus amigos y familia (¿ganas menos dinero que ellos, lo mismo o más?) y las emociones habituales que esto genera en ti. Como conclusión, propón estrategias para que tu autoconcepto pueda expandirse más allá de las expectativas de tus amigos y familiares, y proponte apoyar la expansión que experimentarás por medio del reajuste de esas relaciones.

5. Observa la resistencia o la desorientación derivada del cambio

Una necesidad instintiva de proteger tu vieja identidad puede disparar la resistencia al progreso en forma de desidia, evitación, olvido o irritación. Si eres víctima del síndrome de imprecisión financiera, es probable que sientas una desorientación repentina. Cualesquiera que sean los síntomas que se presenten cuando comiences a progresar, compártelos con tu compañero de prosperidad, quien entonces puede recordarte que son pasajeros y que son una consecuencia natural de desarrollar los músculos del dinero y de mejorar tus relaciones con el mismo.

EJERCICIO 4

Establece metas alcanzables

Si tu única meta es volverte rico, nunca lo lograrás.

JOHN D. ROCKEFELLER

Sólo cuando se establecen las metas específicas de desempeño de un cliente es que un entrenador personal puede desarrollar un programa de acondicionamiento físico para alcanzarlas. De la misma manera, la formulación de metas financieras bien pensadas ayuda a una persona a idear estrategias para lograrlas.

Para ser alcanzable, una meta financiera necesita en primer lugar, y lo más importante, una descripción que sea lo bastante sensible al tiempo que guíe los comportamientos relacionados con el dinero. La meta de eliminar una deuda de tarjeta de crédito de 15 000 dólares en un año, por ejemplo, idealmente te motivaría a comprar sólo artículos que puedas pagar con tus fondos disponibles durante dicho periodo. Por tanto, si te enfrentaras a la oportunidad de comprar algún producto a crédito a un precio atractivo, te negarías.

De igual manera, una meta de duplicar tus ingresos en dos años podría ser un incentivo para cultivar inversiones, comenzar un negocio de medio tiempo o expandir el actual. La formulación de metas que pueden alcanzarse requiere también de consideraciones subliminales.

Valores personales

El hecho de basar tus metas en resultados que sean muy importantes para ti incrementa tus posibilidades de alcanzar esos objetivos debido a los sentimientos de satisfacción que inspiran en tu interior a cada paso del camino. Además, cuando asciendes por la escalera financiera de tu creación, en lugar de subir por una copiada a tu pareja, amigos, vecinos o familia, tu éxito radica no sólo en cuánto dinero hayas acumulado sino en cuántos de tus sueños se han hecho realidad.

Con el fin de avanzar en esa dirección, es buena idea hacerte muy consciente de tus valores relacionados con la salud, el estilo de vida, las relaciones, el empleo, la educación y el bienestar colectivo de la humanidad. ¿Es valiosa para ti la simplicidad, por ejemplo, o pasar tiempo con las personas a quienes amas o trabajar como voluntario en una institución de caridad? Si no conoces tus valores más íntimos, la persecución de tus aspiraciones materiales podría eclipsar tu felicidad al requerir que sacrifiques tus deseos no materiales de manera inadvertida. Si priorizas tus valores y basas tus metas de ingresos en aquellos que consideras no negociables, incrementarás tus oportunidades de satisfacer tus necesidades tanto internas como externas a medida que progresas en términos financieros.

A los 35 años, mientras evaluaba un puesto directivo en una empresa perteneciente a la lista *Fortune 500*, Louise tardó un poco en comprender la importancia de tomar en cuenta sus valores personales. Después de escalar la jerarquía corporativa durante ocho años, Louise se sintió tentada a aceptar la oferta de 200 000 dólares por año; pero de pronto se dio cuenta de que al enfrentar las responsabilidades y cumplir con las expectativas de su supervisor se vería obligada a delegar la crianza de sus hijos y, debido a los altos grados de estrés, quizá pondría en riesgo su salud. Cuando supo que el empleo estaba en serio conflicto con sus valores, Louise no tuvo dificultad alguna en declinar la promoción.

Por su parte, Don, soltero de 26 años, estaba muy motivado a alcanzar un valor neto de un millón de dólares en un plazo de cinco años y, como consecuencia, aprovechó la oportunidad de fabricar tablas de surf especializadas, en sociedad con su amigo Steve. Todo en esa empresa le encantaba: trabajar con los diseños de Steve, vender y promover, la gente en la industria, el desafío de iniciar un negocio desde su planeación y, sobre todo, el deporte en sí mismo. El proyecto coincidía a la perfección con sus valores personales y, en un plazo de cinco años, Don alcanzó su meta financiera, después de lo cual estableció nuevas metas que tomaban en cuenta los valores que compartía con su esposa desde hacía tres años.

Mientras el respeto por los valores personales mantiene a la gente en curso en tanto que persigue metas materiales, el hecho de ignorar dichos valores por lo general conduce al autoabandono. En tales casos, los comportamientos financieros se presentan en forma de pérdidas repetitivas asociadas con compras compulsivas, deudas crónicas, préstamos frecuentes o inversiones pobres, todas las cuales son razones importantes para priorizar tus valores al formular tus metas financieras.

Objetivos financieros realistas

El establecimiento efectivo de metas también requiere una dosis saludable de realismo con el fin de superar los impulsos del inconsciente. Por sí misma, una mente acostumbrada a proteger la identidad personal y a mantener un patrón financiero "menos que suficiente" o "suficiente", programará sus señales en una cantidad de dinero tan lejana a la practicidad que resulte imposible desarrollar un plan de progreso. Peor aún, la inacción resultante tiende a reforzar el tema emocional de la privación y encerrará a la persona en un ciclo disfuncional. Para contrarrestar la probabilidad de que esto ocurra y poder desarrollar un plan de acción viable, es esencial establecer objetivos que sean realistas.

Brenda descubrió lo anterior por sí misma. Como asesora de vida que utilizaba su tarjeta de crédito cada vez que necesitaba provisiones o equipo para su empresa, Brenda solía bromear con que resolvería sus problemas financieros cuando algún día se ganara la lotería. Odiaba los 10 000 dólares que siempre debía en sus tarjetas de crédito, deseaba comprarse una casa y anhelaba adquirir ropa más moderna, pero era raro que ganara más de 35 000 dólares al año. Cuando acudió a un grupo que yo asesoraba, pronto reconoció el rastro de la privación que se había hecho presente a lo largo de su vida. También comprendió que el hecho de obtener lo que deseaba le causaba temor porque la satisfacción no formaba parte de su carácter.

Después de reconocer que protegía su identidad al entretenerse con fantasías de una riqueza súbita, Brenda comenzó a establecer metas alcanzables referentes a sus ingresos, basadas en objetivos realistas dentro de un tiempo específico. Primero, determinó luchar por tener ingresos mensuales de 3 200 dólares, un incremento de 10% o alrededor de 300 dólares sobre sus ingresos previos. Para alcanzar esta meta, ella necesitaba cuatro sesiones adicionales con clientes por mes, un prospecto tan accesible que comenzó a activar sus relaciones para atraer más clientes. También estuvo de acuerdo en llevar un registro de sus gastos y a no utilizar sus tarjetas de crédito. En un plazo de cuatro semanas, Brenda tenía tres nuevos clientes y al final de un par de semanas más había alcanzado su meta y comenzó a definir una nueva. El incremento en su ingreso le ayudó a pagar sus deudas con las tarjetas de crédito y fue lo bastante gradual para que ella se adaptara con naturalidad al nuevo flujo de efectivo.

Establecer metas realistas para reducir la deuda puede ocurrir también de otras maneras. Si, a diferencia de Brenda, esperas que tu ingreso se mantenga estable, tu meta podría ser disminuir los gastos, en cuyo caso deberás decidir cuáles gastos evitarás y cuánto dinero destinarás al pago de las deudas. El simple hecho de enfrentar tu deuda puede presentar posibilidades, como negociar una tasa de interés más baja en las tarjetas de crédito o trabajar con un bien ponderado asesor de crédito. Al final podrías decidir generar dinero adicional con un empleo de medio tiempo. Con una intención honesta de reducir tu deuda y una serie de metas realistas en mente, pocas cosas podrán impedirte que lo logres. Lo mismo puede decirse de tu intención de incrementar tus ingresos, aumentar tus ahorros, acrecentar tus inversiones o comprar una casa nueva.

Consecuencias

Con mucha frecuencia, la gente que desea grandes sumas de dinero imagina que sus problemas se resolverán cuando lleguen los fondos y casi no piensa en las consecuencias de conseguir los fondos o tenerlos en su poder. El hecho es que casi cualquier método elegido para incrementar el flujo de efectivo dará también inicio a modificaciones en el estilo de vida que pueden o no ser deseables. El cambio de empleo, por ejemplo, puede significar una mudanza; la transformación de los protocolos de negocios podría requerir de más horas de trabajo; la contratación de más empleados podría exigir más supervisión. De igual manera, mudarse a una casa más grande en un nuevo vecindario, en la persecución de un sueño, podría generar sentimientos de aislamiento o desconexión de los apoyos sociales.

Un influjo de fondos también requiere múltiples decisiones de manejo de dinero, entre las cuales figuran adónde se destinarán las utilidades, qué se hará con los ingresos adicionales y quién los administrará. Incluso con incrementos sucesivos de ingresos, cada peldaño de la escalera financiera puede presentar preocupaciones que requerirán de atención individualizada. Una persona que no disfrute de este tipo de actividad puede decidir, en un momento dado, dejar de ascender y gozar de lo que ya tiene.

Al mirar hacia el futuro, quizás te sobresaltes ante la idea de invertir muchas horas al día en cuidar o incluso en pensar acerca de excesivas sumas de dinero. En lugar de una gran riqueza, tal vez lo que en realidad anhelas es paz mental, una sensación de seguridad o satisfacción laboral, todos los cuales son estados emocionales, no objetivos financieros. En cualquier caso, al ampliar tu enfoque para incluir las consecuencias emocionales y otras de tu interior, es más probable que establezcas metas que puedas cumplir y que te produzcan placer al trabajar en ellas.

METAS A LARGO Y CORTO PLAZOS

Las estrategias efectivas que inspiran una dedicación constante por lo regular se componen de dos niveles: metas a largo plazo que delinean la imagen general de logros esperados y metas a corto plazo que definen los pasos intermedios que permiten la experiencia del éxito frecuente. Si, por ejemplo, una meta a largo plazo implica amasar un incremento de fondos, el ahorro de una pequeña suma semanal puede estimular los pensamientos constructivos acerca de la misión mientras se disuelven los perpetuos sentimientos de vergüenza o privación. A medida que cambian los pensamientos y las emociones, lo mismo ocurre con la correspondiente posición financiera y se abre una senda hacia la prosperidad impulsada por los logros internos.

Es más probable que las metas a largo plazo den frutos cuando se establece un parámetro de tiempo a detalle. Mucha gente, cuando le pregunto qué es lo que desea lograr en términos financieros, responde con declaraciones como éstas: "Quiero dinero suficiente para ser libre de hacer lo que desee" o "No quiero volver a preocuparme más por el dinero". Esas vagas esperanzas resultan inútiles para impulsar el desarrollo de una estrategia orientada a un logro mesurable. En contraste, mientras más específico seas acerca de tus planes de producción de ingresos, mejor preparado estarás para cultivar las habilidades necesarias para lograrlos. Si, por ejemplo, pones la mira en incrementar tu valor neto a un millón de dólares a través de inversiones en bienes raíces en el transcurso de cinco años, podrías planear invertir una porción del primer año en conversar con inversionistas experimentados, leer libros o acudir a seminarios dedicados a los bienes raíces, investigar el mercado local de bienes raíces, considerar propiedades potenciales o convertirte en agente de bienes raíces. Cada una de estas actividades, al tiempo que te impulsan hacia tu meta, también te ayudarán a decidir si la inversión en bienes raíces coincide con tus valores.

Al determinar las metas a largo plazo es mejor ser específico, no sólo en términos de lo que deseas en referencia a lo material sino también respecto de las percepciones que te gustaría tener acerca de ti mismo y de tu vida.

Las metas a largo plazo, por tanto, deben incluir grandes sueños relacionados con el ingreso, el valor neto y el estilo de vida, así como estados emocionales deseados, como seguridad, satisfacción, respeto y placer, factores ignorados con frecuencia al diseñar un plan financiero.

Las metas a corto plazo, por otra parte, inspiran el proceso cuando se representa en términos mesurables que pueden desarrollarse en un periodo comprendido entre tres meses y un año.

Una meta a tres meses podría incluir incrementar las tarifas a los clientes por un monto específico así como aprender a utilizar un programa computacional de finanzas, llevar un registro diario de gastos o realizar una investigación que apoye una de tus metas a largo plazo. Una meta a un año podría enfocarse en incrementar tu cartera de clientes en 20%, pagar 50% de tu deuda o incrementar tu ingreso anual en 25%. El hecho de alcanzar una serie de metas a corto plazo establece un patrón de éxito que puede vencer una tendencia habitual a la desidia, la evitación o el error, y programa a tu subconsciente a esperar resultados positivos.

Cuando establezcas metas a largo plazo, también concéntrate en los estados internos deseados. Si, por ejemplo, la paz mental es una de tus metas a largo plazo, entonces una meta a corto plazo podría incluir la reducción del estrés con una clase semanal de yoga, meditación 20 minutos al día o dedicar al menos una hora cada semana a estar a la intemperie en un entorno natural. La paz mental también puede apoyarse en la solicitud de un aumento de sueldo, en combatir la imprecisión financiera o en desarrollar un plan para limitar tus gastos.

Con el fin de que tus metas a largo y corto plazos sean congruentes con tus valores personales, reevalúa tus metas con frecuencia y ajústalas cuando sea necesario. Después de una serie de éxitos a corto plazo, podrías descubrir que una meta financiera a largo plazo de ganar millones de dólares, por ejemplo, está impregnada de sentimientos de abandono, vergüenza o privación que ya no son parte de tu ambiente interior. O podrías vincularla con un patrón de pensamiento no productivo, como comparar tus ingresos con las fortunas de otras personas o tu necesidad del respeto paterno. En cualquier caso, quizás éste sea el momento de invitar a otras metas a surgir de tu percepción más evolucionada de ti mismo y de tu vida.

Ahora, en lugar de una gran riqueza financiera, tal vez prefieras una relación más profunda y amorosa contigo mismo y con tu familia. Alcanzar una meta de este tipo puede ofrecer un resultado mejor integrado, como un patrón de tener "más que suficientes" bienes materiales combinados con sentimientos de libertad y logro. En este punto, puedes percibirte rico sin tener que amasar grandes sumas de dinero o de bienes materiales. Y serás capaz de evaluar, desde una postura más cómoda, cuán lejos quieres llegar en términos financieros y por qué.

Cuando realizas los ajustes necesarios, la estrategia de dos niveles para satisfacer metas alcanzables se perpetúa a sí misma al estimular cambios notables a nivel tanto interno como externo. El simple registro de tus ingresos y de tus gastos diarios, por ejemplo, puede mejorar tu autoimagen y proporcionarte una mejor disposición para intentar un comportamiento financiero nuevo. Del mismo modo, lo anterior puede generar una creciente confianza en ti mismo que atraerá oportunidades a tu vida que estarán más sintonizadas con tu nuevo estado de ser y, según se ilustra en la figura 4.1, activará un ciclo de cambio.

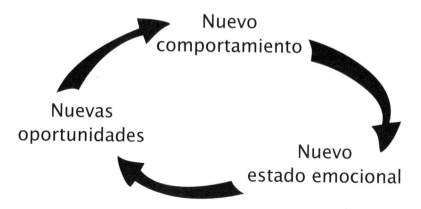

Figura 4.1. ¿Cuál nuevo comportamiento deberás adoptar para iniciar un ciclo de cambio?

CUANDO TUS METAS TRASCIENDEN
TU IDENTIDAD FINANCIERA

Establecer metas capaces de impulsarte hacia una posición financiera mejorada puede reforzar los comportamientos disfuncionales. En primer lugar, dichas metas pueden estimular los temores latentes al fracaso. En segundo, si te identificas más con el fracaso que con el éxito, las expectativas negativas podrían impedir que desarrolles una estrategia accesible para implementar tus metas. En tercero, la ansiedad de perder tu posición entre tus amigos y familiares puede ser el pretexto para evitar realizar acciones orientadas a tus metas.

Mientras más dispuesto te encuentres a reconocer estas posibilidades y a aceptar ese comportamiento como normal, menos probable será que te critiques y, por tanto, que bloquees tu proceso de avance.

La solución, entonces, es apoyar tu progreso a largo plazo a través de una serie de metas realistas a corto plazo que te ayuden a adaptarte a los cambios graduales de tu posición financiera mientras superas la desorientación que es posible que ocurra. Este movimiento gradual, comparado con la persecución de sueños de encontrar la riqueza, resulta en un mejor grado de comodidad y en la posibilidad de resultados más duraderos.

ACCIONES

1. Examina tus valores

Para incrementar tus probabilidades de establecer metas alcanzables, examina los 20 valores más importantes para ti. Escribe cada uno de ellos en tu diario de prosperidad y redáctalos

como declaraciones que comiencen con: "Es importante para mí
_____" o "Yo valoro_____"; por ejemplo:

* Es importante para mí pasar al menos una hora diaria con mis hijos.
* Es importante para mí trabajar para alguien que aprecie mis talentos.
* Es importante para mí tener éxito como empresario.
* Es importante para mí trabajar en una empresa que proporcione un seguro de salud.
* Es importante para mí encontrar una fuente constante de dividendos.
* Yo valoro la verdad.
* Yo valoro la confianza.
* Yo valoro mi privacidad.
* Yo valoro mi relación con mi pareja (esposa, hijos).
* Yo valoro mi relación con mi objeto de devoción (mi religión, un poder superior).
* Yo valoro un ambiente laboral apacible.
* Yo valoro cobrar un sueldo justo por el trabajo que realizo.

De la lista que has elaborado, elige cinco declaraciones que no son negociables. Considera que las declaraciones seleccionadas son reflejo de los valores a los cuales nunca renunciarás, sin importar lo adversas que sean las circunstancias.

2. Define tus metas a largo plazo

Crea un formato similar al del cuadro 4.1. En la columna derecha escribe las metas que esperas lograr durante los siguientes cinco o 10 años. Sé lo más específico posible.

Cuadro 4.1.

Para satisfacer mis grandes sueños, dentro de siete años tendré:	
Mi casa ideal	Una casa de mil metros cuadrados de varios niveles en las colinas de Boulder, Colorado, con un salón familiar que contenga un gran televisor, una oficina para mi esposa, un estudio donde pueda trabajar de manera ocasional y practicar con mi clarinete y una cocina con una isla central.
Mi(s) compañero(s) de casa	Mi esposa y dos adolescentes.
Mis fuentes de ingresos	Mi imprenta localizada en el centro de Boulder, inversiones en bienes raíces y la empresa de internet de mi esposa.
Mi ingreso anual	$ 300 000.
Mi valor neto	$1.4 millones.
Mi círculo social	Unos cuantos amigos cercanos y muchos conocidos.
Mis actividades de descanso	Esquiar con la familia, tocar el clarinete, leer y visitar a mis amigos.
Mis sentimientos acerca de la vida	Una sensación de comodidad, aceptación y respeto a nivel profesional, seguridad financiera, satisfacción con mi trabajo y con mi matrimonio, aprecio por el tiempo que invierto con mi esposa y mis hijos.

Este formato distingue el valor neto del ingreso anual para ayudarte a darle a cada uno la atención que merece. Tu meta relacionada con el valor neto será más clara dado que toma en cuenta el dinero en efectivo disponible, el valor de tus posesiones y tu deuda.

Si tu meta es convertirte en millonario, necesitarás un valor neto de un millón de dólares y no un ingreso de esa cantidad. Ten en mente que tu valor neto puede incrementarse como respuesta a tus inversiones sabias, el pago de tu deuda, el aumento en tus ahorros o la adquisición de propiedades costosas.

Para evaluar tus metas a largo plazo respecto de tus valores personales y en cuanto a tu identidad actual, formúlate las siguientes preguntas:

* ¿Están mis metas en sintonía con mis valores personales?
* ¿Son congruentes mis metas con mi identidad financiera actual? Si no lo son, ¿estoy dispuesto a cambiar? ¿Cuáles modificaciones estoy dispuesto a realizar?
* ¿Cómo afectará en mis relaciones con mi familia y amigos el hecho de lograr estas metas? ¿Estoy dispuesto a experimentar esas consecuencias? ¿Cómo podría evitar las consecuencias negativas asociadas con el logro de esas metas?

3. Define tus metas a corto plazo en tu estilo de vida

Con el fin de avanzar hacia el logro de tus metas a largo plazo, establece objetivos a corto plazo basados en tus respuestas a las siguientes preguntas:

* ¿Cuáles pasos debo dar para lograr mis metas no financieras a largo plazo?
* ¿Qué es lo que debo aprender para dar esos pasos?
* ¿A cuál de esas metas estoy dispuesto a comprometerme durante los siguientes tres meses?
* ¿A cuáles de ellas estoy dispuesto a dedicarme durante los siguientes doce meses?

4. Establece una meta financiera a un año

En tu diario de prosperidad registra metas mesurables a un año que puedan acercarte a tus objetivos a largo plazo relacionados con tu ingreso y tu valor neto; asegúrate de actualizarlos al final de cada año según lo requieras. Por ejemplo, si tu meta a largo plazo es cuadruplicar tu valor neto en siete años, tu meta a un año será incrementar tu valor neto en 20%; a lo largo de los seis años subsecuentes planea aumentar el porcentaje de crecimiento.

En tus metas financieras a un año incluye métodos específicos para incrementar tanto tus ingresos como tu valor neto. Entre los posibles métodos para incrementar tus ingresos se encuentran un aumento de sueldo, más utilidades en tu empresa e inversiones con mayores rendimientos. La expansión del valor neto podría provenir de un aumento en el valor de tu casa u otros bienes materiales, más ahorros, más valor de inversiones o reducción de tu deuda.

Lee tus metas a un año al menos una vez al mes y reafirma tu dedicación a ellas. Estas revisiones te ayudarán a mantener concentrado tu pensamiento creativo.

5. Pon a prueba tus metas financieras

Con el fin de asegurarte de que tus metas financieras son realistas y están en sintonía con tus valores personales, actúa como si ya las hubieras logrado y después investiga tus opciones. Mientras exploras tus alternativas de fondos adicionales, por ejemplo, imagina que tienes 10 000 dólares y comienzas a leer acerca de posibilidades de inversión. Al hacerlo, revisa tus objetivos y sustituye cualquier información errónea por hechos reales y valiosos.

A continuación, practica hacer inversiones. Si estás interesado en el mercado de valores, elige una acción y comienza a operar en papel; decide cuántas acciones comprarás y a qué precio, sigue las operaciones de la bolsa y, en un momento dado, decide cuándo vender. Una vez que tus utilidades superen tus pérdidas, considera la posibilidad de invertir de verdad en algunas acciones.

De igual manera, comprar casas a un nivel de precio al cual no estás acostumbrado puede ayudarte a afinar tus intenciones de compra. Si crees que deseas vivir en determinado vecindario, acude a reuniones públicas en casas que cumplan con tu criterio e imagina que en verdad vives allí. Formúlate preguntas prácticas: ¿Disfrutaré cuidar una casa de este tamaño? ¿Qué muebles nuevos tendré que comprar? ¿El vecindario satisface mis necesidades de seguridad? ¿Cómo afectará a mis hijos el hecho de vivir aquí? Tus respuestas a preguntas de este tipo pueden convencerte de revisar tus metas de estilo de vida.

6. Diseña una estrategia para alcanzar tus metas financieras

Entre las estrategias para generar ingresos se encuentran intercambiar tiempo por dinero, como en un empleo o en un negocio orientado al servicio, comprar bienes y venderlos con una ganancia y establecer fuentes de dividendos regulares como inversiones, regalías por autoría de libros y ganancias por renta de propiedades. Puedes adoptar una o más de estas estrategias para incrementar tus ingresos. Si tienes un empleo, por ejemplo, podrías solicitar un aumento de sueldo, mejorar tu posición dentro de la empresa o encontrar un mejor empleo. También podrías aumentar tu salario si compras y vendes productos o estableces una fuente de dividendos regulares. Puedes adoptar otros métodos orientados hacia metas relacionadas con la reducción de tus deudas o con el incremento de tus ahorros. Sin importar la estrategia que elijas, asegúrate de que ésta coincida con tus valores personales y de que te ayudará a avanzar también hacia tus metas de estilo de vida.

Después de decidir la estrategia, presta atención a las nuevas habilidades o información que necesitarás para implementarla. Después incorpora todos los prerrequisitos necesarios para tu plan general.

7. Prepárate para ajustar tus metas

Define tus metas sin perder de vista que es probable que necesites ajustarlas en respuesta a los cambios en las circunstancias internas o externas que puedan surgir. En esos momentos, planea clarificar tus pensamientos y comparte tus preocupaciones con tu compañero de prosperidad o con una persona cercana a ti.

8. Visualízate alcanzando tus metas

A través de la visualización, puedes incrementar tu receptividad a nuevas oportunidades que se presenten en tu camino. Las visualizaciones más efectivas incluyen imágenes mentales y los correspondientes estados emocionales. Ésta es una técnica útil:

1. Toma asiento con la espalda tan recta como te sea posible, con los pies cruzados a la altura de los tobillos o apoyados en el piso y las manos relajadas sobre tu regazo. Para enfocar tu atención, respira profundamente varias veces y observa tu pecho y tu abdomen al inhalar y exhalar. Si tu mente está muy activa, sólo obsérvala sin juzgarla mientras continúas con tus respiraciones profundas.

2. Cuando te sientas relajado, permite que tu respiración se normalice e imagina que has logrado una de tus metas a largo plazo, tanto financieras como de estilo de vida. Mírate en ese estado de logro, disfruta de tu éxito y comparte tu satisfacción, placer u orgullo con otras personas. Mantén esa imagen y estos sentimientos durante algunos minutos.

3. A continuación, repite en silencio afirmaciones seguidas por tu palabra de poder, por ejemplo: "He alcanzado mi meta" (palabra de poder), "Vivo en la casa de mis sueños" (palabra de poder), "Mi negocio genera $_____ al mes" (palabra de poder), o "Soy solvente y tengo más dinero del necesario" (palabra de poder). Continúa imaginando la experiencia de alcanzar tu meta, incluso los estados emocionales que esperas lograr. Perfecciona la imagen como desees; quizá quieras imaginar a la gente con quien pretendes compartir los resultados de tus esfuerzos. Si tu mente comienza a vagar, regrésala con gentileza a este punto focal y saborea los sentimientos del éxito. Si se presenta el temor o la ansiedad, repite tu palabra de poder hasta que se disipe el sentimiento contraproducente.

4. Permanece con la imagen y los sentimientos durante tanto tiempo como desees. Cuando estés listo, con gentileza regresa tu atención a tu cuerpo, respira profundamente y abre los ojos.

9. Libérate de la incomodidad de avanzar con lentitud

Haz consciente cualquier incomodidad que puedas sentir por avanzar a paso lento. Toma en cuenta que el hecho de que sólo te resulte aceptable una gran cantidad de ingresos, con la correspondiente posibilidad de pagar pronto tus deudas o satisfacer tus deseos materiales pronto, puede impedir tu progreso. Si tu deuda es significativa, haz tu mejor esfuerzo por vencer motivaciones nacidas de tu deseo por una gratificación inmediata. En tiempos de deuda, es muy probable que convertirse en una persona solvente requiera paciencia y comprensión de las emociones que impulsan tus necesidades de tener más de lo que puedes pagar.

En cualquier momento que detectes incomodidad por un paso más lento del esperado, repite declaraciones apropiadas con tu palabra de poder, por ejemplo:

- Estoy dispuesto a caminar más despacio con el fin de avanzar. (Palabra de poder)
- Libero mi resistencia a desarrollar una estrategia funcional. (Palabra de poder)
- Quiero desarrollar una estrategia funcional. (Palabra de poder)
- Me doy permiso de desarrollar una estrategia funcional. (Palabra de poder)
- Tengo una estrategia funcional. (Palabra de poder)
- Estoy dispuesto a ajustar mis expectativas. (Palabra de poder)
- Libero mi temor a realizar cambios. (Palabra de poder)
- Estoy dispuesto a emplear dinero en efectivo o cheques en lugar de tarjetas de crédito. (Palabra de poder)
- Tengo suficiente dinero para comprar lo que necesito. (Palabra de poder)
- Libero mi temor a la solvencia. (Palabra de poder)
- Quiero ser solvente. (Palabra de poder)
- Soy solvente. (Palabra de poder)
- Con facilidad y consistencia genero _____ dólares al mes. (Palabra de poder)

SEGUNDA PARTE

Hacia una nueva identidad financiera

Introducción

Nuestra identidad financiera es un aspecto de nuestra personalidad que se compone por nuestros pensamientos, creencias, emociones, comportamientos y relaciones hacia el dinero. Cuando la personalidad cambia, la identidad financiera, un aspecto determinante de nuestra salud financiera, también cambia. Diversos estudios han demostrado que los pacientes con desorden de identidad disociativa (DID) o desorden de personalidad múltiple (DPM), al cambiar sus personalidades exhiben una transformación correspondiente en su fisiología. La doctora Candace Pert, neurocientífica y autora de *Molecules of Emotion* (*Moléculas de la emoción*) dijo en un disco compacto titulado *Your Body is Your Subconscious Mind* (*Su cuerpo es su inconsciente*): "La gente literalmente tiene diferentes cuerpos cuando tiene diferentes personalidades".

Después de leer por primera vez acerca de este fenómeno a principios de los años ochenta, cuando yo tenía tanto desórdenes físicos como problemas financieros, sentí la interconexión entre la mente, el cuerpo y la salud financiera y concluí que, para recuperar la salud física, emocional y financiera, tenía que "cambiar" de personalidad, sustituir mi individualidad financiera enferma, necesitada y disfuncional por otra que fuera saludable, fuerte y capaz de generar prosperidad. No dudo que la transformación resultante haya contribuido a mis subsecuentes circunstancias financieras mejoradas.

93

Con el fin de comenzar a transformar tu personalidad para alcanzar la salud financiera, puede resultarte útil comprender que todos tenemos una variedad de personalidades que exhibimos en distintas situaciones, como en el trabajo o en reuniones con amigos o familiares. De hecho, de acuerdo con el doctor Frank W. Putnam, autor de *Diagnosis and Treatment of Multiple Personality Disorder* (*Diagnóstico y tratamiento del desorden de personalidad múltiple*), las personas que padecen DPM difieren de los individuos sanos sólo en términos de grado: ellos disocian a mayor nivel entre personalidades y tienen menos recuerdos cruzados.

Con el fin de comprender mejor cómo las distintas personalidades pueden afectar la salud financiera, visualiza tu cuerpo como una casa de huéspedes que alberga a un grupo de personajes, entre los cuales podría estar un niño interior herido que busca consuelo, un padre crítico decidido a destruir la confianza del pequeño, un adolescente rebelde sin responsabilidad financiera y un adulto sabio que comprende que la casa de huéspedes necesita funcionar bien y que administra el dinero con éxito, como se muestra en la figura II.1. Cada personaje desempeña un papel importante en las tareas de la casa de huéspedes y se hace cargo de ella de manera periódica: en las relaciones familiares, a la cabeza puede estar el padre crítico; en el lugar de trabajo, el adolescente rebelde, y en circunstancias difíciles, el niño herido. Lo ideal es que el adulto sabio mantenga la autoridad en situaciones relacionadas con el manejo de dinero, aunque para mucha gente este personaje se siente en silencio en el fondo mientras los otros representan sus papeles, lo cual deriva en problemas financieros.

Con frecuencia, por ejemplo, el niño herido, el adolescente rebelde o el padre crítico controlan la conducta y eso genera sentimientos de incomodidad, deuda excesiva, bajos ingresos, ausencia de registros de gastos, compras compulsivas, negación a pagar impuestos o pago muy retrasado de cuentas.

Figura II.1. ¿Quién vive en tu casa de huéspedes?

El adulto sabio puede contemplar el drama hasta que los demás le piden ayuda y expresan su compromiso, que es cuando el adulto sabio puede coordinar mejor al equipo para adoptar conductas financieras saludables.

Con el fin de forjar una identidad financiera caracterizada por el manejo responsable de dinero, es esencial reconocer y apoyar al adulto sabio en su interior, quien con frecuencia espera un compromiso consciente de los demás jugadores antes de asumir la autoridad. Mientras entregas el control a este personaje, también puedes emplear técnicas para satisfacer y complacer a los demás personajes que desean tu atención, para que no vuelvan a sentir la necesidad de hacer valer su poder. Después todos los personajes, dispuestos a trabajar juntos, podrán ayudarte a avanzar hacia circunstancias de vida más satisfactorias.

Al motivar al adulto sabio a hacerse cargo, una persona puede cambiar de manera significativa su comportamiento y transformarse, por ejemplo, de deudor dependiente y mal pagado a individuo que exhibe su autoconfianza y su independencia financiera. Debido a la orquestación implicada, dicha metamorfosis no da como resultado un cambio rápido de personalidad, como en el DID, sino que ocurre de manera gradual a lo largo de un periodo extenso, como la figura cuadrada que muta a círculo en la figura II.2.

Mientras avanza a conciencia en una transformación significativa, la gente nota cambios sutiles que ocurren casi a diario. Una actitud más positiva, por ejemplo, podría conducir a un nuevo estado mental que propicia una sensación más confortable y una conducta funcional, todo lo cual puede servir como catalizador para determinadas mejorías, menores aunque observables, en sus circunstancias de vida. Con el tiempo, esos avances graduales pueden acumularse hasta dar lugar a una mejora considerable en su nivel de vida. Lo mismo ocurre con el crecimiento financiero.

Figura II.2. ¿Con cuánta lentitud estás dispuesto a cambiar tu personalidad para alcanzar la salud financiera?

Por el contrario, provocar el cambio con menos conciencia puede conducir al estancamiento. Mucha gente que pretende cambiar pronto su posición financiera y que altera algunos comportamientos financieros con la esperanza de acumular riqueza rápida, se siente desmotivada cuando sólo ocurre un cambio menor en su situación financiera. Y cuando se presenta un cambio rápido, como el inesperado influjo de una gran suma de dinero, tiende a ocurrir un desastre en la "casa de huéspedes" hasta que se realizan ajustes tanto internos como externos, por lo general a lo largo de un tiempo determinado. Por esta razón el hecho de permanecer consciente de los detalles sutiles y comprender que estás en proceso de cambio, no de salto, hacia una nueva posición financiera, puede hacer más satisfactorio y placentero el proceso.

Los individuos que adoptan una perspectiva holística mientras realizan modificaciones menores a elementos de su identidad financiera mejoran su relación con el dinero de manera permanente. Sin embargo, pueden esperarse reincidencias ocasionales a pesar de su gran determinación porque ciertos aspectos de una identidad establecida pueden ser lo bastante fuertes como para retrasar el progreso. Por ejemplo, Denise, una mujer de 50 años que tendía a autodescalificarse, era propietaria de un negocio y su patrón financiero era generar sólo el dinero suficiente. Denise realizó los cambios necesarios en su identidad financiera para poder ahorrar 10 000 dólares y continuar ahorrando varios cientos de dólares al mes. Orgullosa luego de mantener este incremento de ingresos durante un año, se sintió segura al pensar que tenía más dinero del suficiente y entonces decidió ampliar su negocio. Tan pronto como sus nuevas utilidades comenzaron a fluir, Denise, no acostumbrada a manejar tanto dinero y ahora abrumada en exceso, dejó de actualizar sus registros financieros. Seis meses después de haber comenzado a ampliar su negocio, Denise se dio cuenta de que había comprado a crédito demasiado equipo para oficina y que debía casi tanto dinero como había ahorrado. Una vez más se encontró en el patrón habitual de tener sólo el dinero suficiente.

Gracias a su perspectiva holística, Denise fue capaz de analizar su situación sin volver al viejo hábito de descalificarse. En el proceso descubrió que había albergado temores acerca del efecto de la riqueza en su estilo de vida, los cuales eran la causa más probable de su recaída a su viejo patrón financiero. Como resultado, Denise pudo ver que en el desarrollo de una nueva identidad financiera es posible dar algunos pasos hacia atrás a favor de un crecimiento integrado. Con el paso de algunos meses, Denise retomó el camino correcto y comprendió que prestar atención a su dinero era esencial en el desarrollo de una identidad financiera saludable.

Para minimizar el efecto del factor de identidad mientras trabajas en los cinco ejercicios de la segunda parte, sustituirás de manera gradual y consciente los pensamientos, creencias, emociones y comportamientos que sustentan tu identidad financiera actual. Así como un régimen de acondicionamiento físico incluye ejercicios específicos para músculos individuales como los bíceps, tríceps y deltoides, este programa para desarrollar músculos de dinero requiere de la modificación de PCE y comportamientos financieros para avanzar hacia un futuro seguro y confortable. Y así como algunos músculos físicos se mueven juntos durante una rutina de ejercicios, los PCE operan como una unidad para influir en el comportamiento financiero (observa la figura II.3). Como resultado, al modificar uno de ellos afectarás a los otros de manera automática y cambiarás la dinámica de tu situación financiera.

Para echar un vistazo a la interrelación entre los PCE y sus efectos en el comportamiento financiero, considera el simple acto de pagar una cuenta de tarjeta de crédito. El pensamiento "Tengo que pagar esta cuenta", cuando se acompaña por la creencia "No pagar esta cuenta puede dañar mi historial crediticio", combinados con

Figura II.3. ¿Cómo interactúan tus PCE para motivar
un comportamiento financiero?

el temor a las consecuencias de no pagar, estimula un comportamiento: pagar la cuenta.

A pesar de que los PCE están interconectados, el hecho de analizarlos por separado, como en los ejercicios 5, 6 y 7, proporciona vías más concretas y menos complejas para el cambio. Dado que los pensamientos de la mayoría de la gente son más fáciles de reconocer que las creencias o las emociones, el proceso que plantea esta sección del libro es sustituir los pensamientos limitantes y trabajar en las creencias y emociones antes de examinar los comportamientos financieros y las relaciones reflejadas a través de tus finanzas. En la vida real, sin embargo, la efectividad de las acciones de estos ejercicios es la misma si los realizas en cualquier orden.

Finalmente, el avance hacia una nueva identidad financiera enfocada en tus pensamientos, creencias y emociones financieras carecerá de sentido sin una comprensión plena de tus PCE personales. Dado que las relaciones financieras reflejan las relaciones contigo mismo, algunas acciones en esta sección implican PCE propios y los comportamientos correspondientes.

EJERCICIO 5

Sustituye los pensamientos financieros improductivos

> Debes convertirte en un éxito financiero en tu pensamiento mucho antes de lograrlo en la realidad.
>
> BRIAN TRACEY

A pesar de que las rutinas de acondicionamiento físico hacen énfasis en los ejercicios destinados a grupos específicos de músculos, la actitud de los atletas también contribuye a su éxito final. La automotivación frecuente, la expectativa de resultados positivos y la voluntad de cumplir con las indicaciones del instructor conducen al progreso del deportista. De igual manera, cualquier programa diseñado para desarrollar los músculos del dinero incluye pensamientos positivos que contribuyan a tu bienestar y al logro de tus metas financieras.

La necesidad de sustituir los pensamientos financieros improductivos se hace evidente tan pronto como aceptas la idea de que tus pensamientos, creencias y emociones son el origen de tu realidad. Entonces queda claro que el diálogo negativo contigo mismo contribuye a ganar menos dinero, a la pérdida financiera o a la deuda crónica. Con mucha frecuencia, dicha negatividad se vincula con una preocupación por posibles pérdidas o consecuencias terribles por no contar con fondos suficientes. En cambio, cuando la mente está llena de pensamientos positivos y expansivos, se hace posible, de acuerdo con esta premisa, generar recursos financieros sustanciosos.

No se trata sólo de dinero

Detrás de todo diálogo interno acerca de las finanzas existen profundos temas relativos a nuestras relaciones con nosotros mismos y con los demás. Por tanto, el desarrollo de pensamientos que se transformen en una relación mejorada con el dinero requiere cierta comprensión de lo que representan tus pensamientos financieros actuales. Una buena manera de descubrir los temas reales que se expresan a través de tus pensamientos acerca del dinero es interrumpirlos con la frase: "No se trata de dinero sino de mi relación conmigo mismo y con los demás", y después examinar qué es lo que reflejan en realidad tus problemas con el dinero.

Donna, por ejemplo, con frecuencia se quejaba de que la irresponsabilidad financiera de su esposo, Bob, la presionaba mucho y le causaba preocupaciones acerca de que, si algo le sucedía a cualquiera de los dos, no tendrían fondos suficientes para pagar las facturas médicas o incluso los gastos del día a día. Después de señalarle a Donna que el dinero no era el problema, le pregunté qué era lo que en realidad le preocupaba. Me explicó que ella y Bob no contaban con nadie a quien acudir en busca de ayuda y le preocupaba verse en problemas y sola. Al formularle más preguntas, ella recordó que cuando asistía a la primaria sus dos padres trabajaban e insistían en que ella se fuera a casa de inmediato al salir de la escuela, todos los días. Dado que sus padres no eran amistosos con ninguno de sus vecinos, Donna, hija única, se preguntaba qué haría si algo le ocurría mientras estaba sola. De hecho, en algunas ocasiones se presentaron problemas menores y eso la atemorizó durante varios días subsecuentes.

Donna también se dio cuenta de que estaba enojada con Bob por no apoyarla más a nivel emocional y se percató de que el hecho de pensar en su situación financiera era más seguro que expresar su enojo o pedirle que fuera más empático con ella, lo cual quizá sólo lo asustaría y lo alejaría más. Sus preocupaciones acerca del dinero, concluyó, en realidad se referían al temor de quedarse sola. Pronto, Donna comenzó a practicar técnicas para liberar el enojo y profundizar en sus relaciones con los demás, lo cual disminuyó su turbulencia mental.

Al mismo tiempo, ella y Bob aprendieron a comunicarse sus preocupaciones verdaderas, lo cual eliminó gran parte de la tensión entre ellos. Mientras más honestos eran entre sí, menos se concentraban en los asuntos financieros. Muy pronto, en lugar de discutir acerca de los problemas potenciales con el dinero, comenzaron a investigar estrategias para producir ingresos. En el proceso, Donna y Bob pudieron comprender que sus fijaciones con las catástrofes financieras habían enmascarado necesidades emocionales subyacentes, revelación que les ayudó a atender sus finanzas desde una perspectiva conjunta.

¿De quién es la voz que escuchas?

Dado que nuestra relación con el dinero refleja en parte nuestra relación con nosotros mismos, la naturaleza de nuestro diálogo interno puede afectar nuestra situación financiera. Como consecuencia, es importante determinar los orígenes y puntos de vista de nuestras voces interiores. Si tú te contemplas como si fueras una casa de huéspedes, debes darte cuenta de que cada una de las personalidades que viven en tu interior tiene su voz propia expresada a través de pensamientos. Cuando te vistes por la mañana, por ejemplo, el padre crítico podría decirte: "Tu ropa luce horrible y tu cabello es un desastre. La gente va a pensar que eres un verdadero tonto". El niño herido podría sollozar: "Nunca tengo dinero suficiente para comprarme ropa". O el adolescente rebelde podría gruñir: "No me importa cómo luzco ni lo que piensen los demás". Es probable que, en cambio, el adulto sabio diga: "Tu ropa luce bien tal como está pero, de cualquier manera, tu vida interior es lo importante".

Dado que tus PCE crean tu realidad, sucede que el coro de voces internas, que por lo regular representa su propio drama en tu cabeza, determina los pensamientos que tienes acerca de ti mismo y del dinero. Un tono positivo produce una experiencia de vida que bien vale disfrutarse y una cómoda situación financiera, mientras el negativo ayuda a que suceda el efecto contrario. Por fortuna, si el pensamiento negativo puede convertirse en hábito, también puede ser sustituido con determinación.

Cambiar la naturaleza de tu diálogo interno puede generar mejores relaciones y una nueva posición financiera. Por ejemplo, si sustituyes al padre crítico de tu cabeza por una madre o un padre amorosos que con frecuencia te alaban y te motivan, puede ayudarte a establecer una relación de apoyo y amor contigo mismo que se reflejará a nivel físico, emocional y financiero.

Desarrolla nuevos hábitos de pensamiento

Sustituir los pensamientos que mantienen atoradas tus finanzas por pensamientos que generen prosperidad requiere de vigilancia y de una dedicación a desarrollar nuevos hábitos de pensamiento. La vigilancia comienza notando el tono de tu diálogo interno e identificando cómo podría éste impedir tu progreso financiero. Con ayuda del cuadro 5.1, familiarízate con los diferentes tonos que distinguen a los pensamientos productivos de los improducti-

Cuadro 5.1.

Pensamientos improductivos	Pensamientos productivos
Preocupaciones acerca del futuro.	Esperanza en el futuro.
Arrepentimientos por el pasado.	Aceptación del pasado.
Uso de palabras negativas, como *no puedo* o *no haré*.	Uso de palabras afirmativas y positivas, como *puedo* y *haré*.
Apego a viejos métodos.	Apertura a nuevas posibilidades.
Contemplación de víctima.	Expectativa de mejorar tus circunstancias.
Poco aprecio por ti mismo o tus habilidades.	Confianza en ti mismo y en tus habilidades.
Anticipación de carencias.	Aprecio por lo que tienes.
Falta de respeto por tus logros.	Respeto por tus logros.
Autocrítica.	Autoalabanza.

vos y después relaciónalos con tus propios hábitos de pensamiento. Cada vez que notes que eres indulgente con un pensamiento improductivo, dimensiona cuánto impacta éste en tus finanzas. Tal vez tú, por costumbre, recurras al recuerdo de situaciones en las cuales no recibiste apoyo emocional de tu familia. Este tipo de pensamiento puede traducirse como recibir un salario bajo o como deuda crónica. Una vez que te hagas consciente de este pensamiento improductivo, podrás elegir concentrarte en el presente y no en el pasado y notar el apoyo que recibes de otras personas, lo cual generará pensamientos con tono positivo.

Las preocupaciones acerca del futuro encabezan la lista de los pensamientos improductivos y tipifican el pensamiento de las personas con problemas financieros. Este tipo de pensamiento es particularmente inhibidor porque dirige la atención negativa a condiciones que no existen y contribuye a su posible manifestación. De igual manera, los arrepentimientos por conductas o circunstancias pasadas impiden el progreso porque dirigen la atención hacia las viejas heridas y, por tanto, quizá refuercen viejos estados de ser. El hecho de asumir resultados prósperos sin lamentar el pasado produce comportamientos más funcionales, y para la mayoría de la gente el desarrollo de dicha perspectiva positiva requiere de mucha práctica.

Serena tu mente

El mayor desafío para alterar patrones habituales de pensamiento proviene de la naturaleza de una mente no entrenada, la cual tiende a saltar de un punto focal a otro mientras las múltiples voces de la casa de huéspedes claman por atención. Para funcionar con eficiencia, todos los personajes internos deben dejar el control en manos del adulto sabio, quien conoce el propósito del individuo y cómo satisfacerlo.

Ciertos personajes de tu interior pueden clamar por la riqueza instantánea, por ejemplo, mientras el adulto sabio, consciente de que esa opción no sería en su beneficio, podría guiarte hacia un plan para incrementar tus ingresos que honre tus valores y cultive tu expresión creativa. Al mismo tiempo, podrías sentirte inclinado a incrementar tu conciencia financiera y emplear técnicas de manejo de dinero; ambas decisiones te proporcionarían más habilidades para administrar más ingresos. Pero sólo podrás recibir toda esta orientación si la escuchas con la mente serena.

Pensamientos alterados y el factor de identidad

Sólo la resistencia a tener una personalidad caracterizada por el gozo y la satisfacción puede bloquear la transformación del pensamiento negativo en positivo. A pesar de que la gente sueña con tener una vida plena y feliz todos los días, en el momento en el que comienza a acercarse a esos ideales tienden a resistirse y vuelve a los viejos patrones de creencias porque no han establecido rutinas que respondan consistentemente a los resultados positivos.

De hecho, sentirse bien con frecuencia, un efecto colateral del pensamiento positivo, puede confundir a los individuos que relacionan determinado nivel de comodidad con estados regulares de ansiedad.

Además de gravitar hacia la comodidad de los estados acostumbrados, los novatos en la modificación de los hábitos de pensamiento también se encuentran bajo la influencia de expectativas previas.

Por ejemplo, cuando la vida parece marchar con ligereza durante varias semanas seguidas, aquellas personas acostumbradas a dificultades periódicas tienden a esperar que ocurra algo desagradable. Éste es un pensamiento improductivo que bien puede influir en la realidad. Por fortuna, la conciencia de este tipo de resistencia puede mantener activos los pensamientos positivos.

ACCIONES

Las acciones de este ejercicio te ayudarán a incrementar tu conciencia sobre tus patrones actuales de pensamiento aprendiendo a serenar la mente y desarrollando tu capacidad de concentración. También te servirán para establecer pensamientos nuevos y más productivos que conduzcan a una identidad financiera más funcional y capaz de promover la prosperidad.

1. Hazte el propósito de escuchar tus pensamientos

Transformar tu diálogo interno y permitir que surja una nueva identidad financiera comienza con el desarrollo de la conciencia de tus pensamientos actuales acerca del dinero, en especial aquellos que pueden causarte incomodidad. Si todavía no has desarrollado el hábito de prestar atención a tus pensamientos, en especial acerca del dinero, formula una declaración de intención, como ésta: "Estoy dispuesto a prestar atención a la naturaleza de mis pensamientos". Para desarrollar el hábito de concentrarte en tus pensamientos, coloca notas con esta declaración de intención por toda tu casa, incluso una junto a tu cama para que la leas al despertar cada mañana. Además, comparte tu intención con tu compañero de prosperidad y escríbela en tu diario de prosperidad.

2. Registra tus pensamientos acerca del dinero y su significado subyacente

Una vez que te acostumbres a escuchar a tus pensamientos sobre el dinero, el siguiente paso para cambiar tu diálogo interno de manera que pueda emerger una nueva identidad financiera es descubrir su verdadero significado. Con este objetivo, durante el día y mientras comienzas a notar pensamientos que se relacionan con tus finanzas, regístralos en tu diario de prosperidad y después determina su significado en relación contigo mismo y con los demás, como en el cuadro 5.2.

3. Selecciona pensamientos sustitutos

Una vez que comprendas lo que expresas en realidad a través de tus actitudes hacia el dinero, puedes tomar la decisión consciente de sustituirlas por pensamientos más positivos. Elabora una lista de tus pensamientos actuales sobre el dinero y después elige

Pensamientos actuales	Significado
Estoy en la quiebra.	Estoy solo y no tengo a quién recurrir.
Si no pago mis cuentas pronto, me meteré en verdaderos problemas.	Soy una mala persona y espero ser castigado.
Necesito conseguir una tarjeta de crédito con interés más bajo pero no sé cómo hacerlo.	Me siento atrapado en mi situación y quiero que alguien me ayude a sentirme más cómodo.
Es horrible la manera en que he gastado el dinero.	Mi autoestima es baja y necesito afirmar mi valor personal.
Desearía tener más dinero para hacer más cosas.	Desearía contar con más personas en mi vida para poder sentirme más conectado.
Mi manera de manejar el dinero es en verdad estúpida.	Soy irresponsable y me avergüenzo de mí mismo.

Cuadro 5.3.

Pensamientos actuales	Pensamientos sustitutos
Estoy en la quiebra.	Soy capaz de acumular el dinero que necesito.
Si no pago mis cuentas pronto, me meteré en verdaderos problemas.	Comenzaré a llevar un mejor registro de mi dinero para no verme de nuevo en este predicamento.
Necesito conseguir una tarjeta de crédito con interés más bajo pero no sé cómo hacerlo.	Voy a encontrar la manera de pagar mis deudas y hacer mejores negociaciones con las empresas de tarjetas de crédito.
Es horrible la manera en que he gastado el dinero.	Estoy dispuesto a establecer límites para mí mismo y descubrir por qué necesito gastar tanto.
Desearía tener más dinero para hacer más cosas.	Estoy dispuesto a analizar cómo mi perspectiva acerca del dinero define quién soy y lo que en realidad significa.
Mi manera de manejar el dinero es en verdad estúpida.	Tengo la opción de relacionarme de manera distinta con el dinero.

Cuadro 5.4.

Pensamiento	Personaje	Adulto sabio
Estoy en quiebra y no puedo comprar lo que necesito.	Niño herido.	Tú mereces lo mejor que la vida puede ofrecer y podemos trabajar juntos para darte el apoyo que necesitas, además del dinero.
En verdad soy muy malo para cuidar mi dinero. Con razón nunca tengo suficiente.	Padre crítico.	Trabajemos juntos para aprender más acerca del dinero. Eres una buena persona y puedes tener lo que desees.
Voy a comprar el suéter con mi tarjeta de crédito y me preocuparé después por pagarlo.	Adolescente rebelde.	Si estás dispuesto a esperar para comprar el suéter hasta que puedas pagarlo en efectivo, te sentirás mejor contigo mismo y desarrollarás una actitud financiera más saludable. ¿Qué es lo que en realidad necesitas ahora que deseas arreglar con un suéter?

un sustituto para cada uno de los pensamientos improductivos (consulta el cuadro 5.3). Sin olvidar las metas que ya estableciste en el ejercicio 4, elige pensamientos que apoyen la materialización de dichas metas.

4. Pon atención a las voces en tu cabeza

Determina cuáles personajes en tu casa de huéspedes se expresan a través de tu diálogo interno. El niño herido, el adolescente rebelde y el padre crítico son los más influyentes en el diálogo interno. Con el cuadro 5.4 como ejemplo, relaciona tus pensamientos con tus personajes interiores y determina cómo respondería tu adulto sabio a cada situación.

5. Dale la bienvenida a un personaje positivo

Además de reconocer el papel de guía del adulto sabio, invita a otros ocupantes reafirmantes a tu casa de huéspedes, como una diosa nutritiva que te ama sin importar lo que tú hagas, un padre ideal que te protege y te guía o un ángel, figura religiosa, protagonista ficticio o celebridad cuyas cualidades admires. Lo más importante es elegir un personaje que te anime a través de sus alabanzas y motivación y que, a lo largo del día, te diga: "Excelente trabajo" o "¡Eres magnífico!" Asegúrate de que ese personaje te eche muchas porras cuando muestres un comportamiento productivo en tus finanzas, como llevar un registro de tu dinero, evitar gastos excesivos o ahorrar una pequeña cantidad.

Más aún, expulsa al padre crítico y explícale que ha llegado el momento de conectarte de manera consistente con tu personaje positivo para adquirir confianza. Si es necesario, imagina que ayudas al padre crítico a empacar y a mudarse y que después preparas una celebración de despedida.

6. Concéntrate en el presente

Dado que gran parte del temor financiero se relaciona con el futuro, un prospecto desconocido, puedes desarrollar un ambiente mental más productivo si permaneces concentrado en el presente. Mientras te preocupas por lo que podría sucederte en el futuro, pregúntate si tienes lo que necesitas en el momento, como suficiente comida para el día, un lugar para vivir y ropa para vestir. Tales preguntas reducirán tu ansiedad y abrirán el camino a pensamientos más positivos. Enseguida pídele ayuda al personaje positivo que has creado para resolver tus preocupaciones acerca del futuro.

Después decídete por un curso de acción, realiza la investigación necesaria para evaluar la viabilidad de tu decisión y disponte a resolver tus preocupaciones, todas las cuales son maneras saludables de prepararte para el futuro mientras permaneces concentrado en el presente.

Si tu mente está ocupada con sentimientos adversos por sucesos pasados o pensamientos acerca de lo que tus padres hicieron o no hicieron, pregúntate cómo te beneficia el hecho de aferrarte al pasado para mantener tu identidad y tu posición financiera actual.

Cuando tengas claro que los pensamientos del pasado obstruyen el logro de tus metas personales y financieras, decide activamente deshacerte de ellos.

7. Utiliza afirmaciones para liberarte de la negatividad

Las afirmaciones pueden sustituir los pensamientos negativos y afectar muchos aspectos de tu vida de manera profunda. Con el fin de transformar los pensamientos improductivos y liberar el temor a cambiar tu identidad, elige algunas afirmaciones para repetirlas durante el día junto con tu palabra de poder.

A continuación te presento ejemplos de afirmaciones útiles:

- Libero mi necesidad de criticarme. (Palabra de poder)
- Libero mi temor a cambiar mis pensamientos. (Palabra de poder)
- Me doy permiso de cambiar mis pensamientos. (Palabra de poder)
- Quiero cambiar mis pensamientos. (Palabra de poder)

- Puedo cambiar mis pensamientos. (Palabra de poder)
- Libero mi necesidad de aferrarme al pasado. (Palabra de poder)
- Me doy permiso de deshacerme de los pensamientos del pasado. (Palabra de poder)
- Estoy dispuesto a tener pensamientos positivos acerca de mí mismo. (Palabra de poder)
- Me doy permiso de tener pensamientos positivos acerca de mis finanzas. (Palabra de poder)
- Estoy dispuesto a tener pensamientos positivos acerca de mis finanzas. (Palabra de poder)
- Tengo derecho a tener pensamientos positivos acerca de mis finanzas. (Palabra de poder)
- Estoy dispuesto a pensar en mí mismo como una persona segura a nivel financiero. (Palabra de poder)
- Libero mi temor a la nueva persona en la que me estoy convirtiendo. (Palabra de poder)
- Tengo la habilidad de conducir mi vida en dirección positiva. (Palabra de poder)
- Tengo todo lo que necesito para vivir una vida satisfactoria y plena. (Palabra de poder)
- Merezco lo mejor que la vida ofrece. (Palabra de poder)

8. *Tranquiliza tu mente*

Mientras te encuentras en estado meditativo, las ondas de tu cerebro son más lentas y es más fácil cruzar de tu mente consciente a tu inconsciente, lo cual te permite abrirte a ámbitos más profundos de intuición y otros recursos y habilidades inconscientes. Por tanto, la meditación diaria no sólo puede tranquilizar tu mente sino que puede entrenarte para que te concentres en el presente y ayudarte a que te conectes con tu adulto sabio interno, quien te guiará en la creación de una vida apacible, productiva y próspera. Si nunca has meditado, comienza con el siguiente ejercicio básico durante cinco minutos cada día e increméntalos hasta 20 poco a poco:

1. Elige un lugar limpio y tranquilo en tu casa o en un ambiente natural.

2. Coloca las manos sobre tu regazo y cierra los ojos. Respira profundamente diez veces y pon atención a tu respiración mientras inhalas y exhalas. Después permite que tu respiración vuelva a la normalidad mientras permaneces consciente de ella.

3. En lugar de intentar interrumpir o juzgar tus pensamientos, sólo obsérvalos como si formaran un río y tú estuvieras de pie en una orilla y los miraras fluir.

4. A medida que tu mente se tranquiliza, elige una frase para repetírtela a ti mismo, como éstas: "Estoy en la luz y estoy lleno de luz", "Soy la paz" o "Soy amor". Si tu mente vaga, tráela de regreso con gentileza.

9. Visualiza un libre flujo de utilidades

Mientras meditas, visualiza que lo que esperas lograr ya ha sucedido con el fin de estimular a tu inconsciente para que lo ayudes a crear las circunstancias apropiadas para ello. Para mejorar tu situación financiera, por ejemplo, imagina que trabajas en un empleo muy bien pagado, que tomas sabias decisiones de inversión y que en general disfrutas de un estilo de vida próspero. Por medio de recursos imaginativos más concretos, quizá desees verte navegar en un mar de dinero o en una habitación llena de pilas de monedas. También puedes proyectarte en consulta con un asesor financiero o con algún amigo muy astuto en asuntos de dinero, quien te ayuda a manejar tus fondos.

Al hacerlo, observa cualquier resistencia o incomodidad que sientas y utiliza la técnica de la palabra de poder para contrarrestarla. Por ejemplo, puedes decirte a ti mismo:

- Me doy permiso de hacer realidad mis sueños. (Palabra de poder)
- Tengo el poder de permitir que mis sueños se hagan realidad. (Palabra de poder)
- Libero mi resistencia a la seguridad financiera. (Palabra de poder)
- Libero mi miedo a la seguridad financiera.(Palabra de poder)
- Disfruto de la libertad financiera. (Palabra de poder)
- Me doy permiso de crear libertad financiera. (Palabra de poder)
- Mis arcas están llenas. (Palabra de poder)
- Tengo derecho de ser libre y feliz. (Palabra de poder)
- Libero el anhelo y manifiesto satisfacción. (Palabra de poder)

10. Realiza ejercicios mentales con números

Dado que el manejo de dinero requiere de cierta facilidad con los números, hacer ejercicios numéricos desarrolla los músculos del dinero y ayuda a eliminar los pensamientos habituales. Comienza con una tarea sencilla como multiplicar un número en secuencia; por ejemplo, multiplica el 8 para obtener 16, 24, 32, etcétera. O comienza con el 8 y súmale un número determinado, como el 5, una y otra vez. A medida que los cálculos mentales te resulten más fáciles, realiza una combinación de operaciones, como sumar 5 a un número, después multiplicarlo por 3 y dividirlo entre 2.

El ejercicio de anotar operaciones matemáticas más complejas también sirve para ocupar la mente e incrementar la habilidad personal con los números. Comienza por elaborar dos columnas de cifras, de 10 renglones, y súmalas sin utilizar la calculadora. A pesar de que en la actualidad contamos con muchas herramientas para manipular los números, trabajar con ellos de manera manual puede incrementar tu disposición a involucrarte con ellos y, por tanto, tu habilidad para concentrarte en tu situación financiera.

11. Concéntrate en alcanzar tus metas

En lugar de preocuparte por el pasado o por el futuro, pon tu mente en acción. Comienza de manera proactiva a sustituir el tiempo que inviertes en preocupaciones monetarias por actividades mentales estimulantes que puedan mejorar tus habilidades financieras o revelar nuevas maneras de alcanzar tus metas financieras. Quizá puedas reunirte con otras personas a tomar decisiones de inversión o a realizar investigaciones financieras. Si no conoces a nadie con quien puedas sostener este tipo de conversaciones, considera la posibilidad de participar en un foro financiero o en una sala de charla en línea, donde puedas formular preguntas y reunir información nueva.

EJERCICIO 6

Adopta creencias financieras funcionales

> Cada vez que gastas dinero, emites un voto por el tipo de mundo que deseas.
>
> ANNE LAPPE

Con el fin de desarrollar una relación saludable y de largo plazo con el dinero, es necesario tener determinadas creencias tanto acerca de tu lugar en el mundo como acerca del dinero en sí mismo. Las creencias positivas y funcionales, como: "Yo soy una persona exitosa", "Puedo cuidar muy bien de mi dinero" o "La gente rica es generosa y confiable", contribuyen a una programación mental hacia la prosperidad. Por otra parte, las creencias limitantes y negativas, como: "Sin importar lo que haga, no puedo generar suficiente dinero", "La gente rica es avara" o "Me comporto muy mal con el dinero", pueden impedir que alcances tus metas financieras.

A pesar de que los antecedentes culturales y familiares, junto con las respuestas individuales a las experiencias de la vida, contribuyen a constituir el conjunto de creencias de una persona, tan único como sus huellas dactilares, mucha gente tiene creencias similares acerca del dinero y de su identidad financiera. Como resultado, dichas creencias pueden contribuir a los resultados financieros.

Por tanto, para facilitar una transformación en tus PCE que mejorará tus relaciones con el dinero, es útil comparar las creencias limitantes comunes que impiden la construcción de unos cimientos financieros seguros con creencias funcionales que ayudan a alcanzar el éxito financiero.

CREENCIAS FINANCIERAS COMUNES

Las creencias financieras pueden limitar el progreso o proporcionar oportunidades para el crecimiento y la prosperidad. Las creencias comunes que afectan las finanzas pueden dividirse en cuatro categorías, según se muestra en el cuadro 6.1.

Para ayudarte a descubrir tus creencias financieras operativas de manera que puedas cambiarlas, comienza a prestar atención a tus pensamientos y emociones relacionados con la riqueza. Las declaraciones críticas que puedas hacer sobre lo que los demás hacen con su dinero o los juicios acerca del carácter de la gente que corresponde a los rangos de ingresos altos significan creencias negativas que tienes sobre la riqueza y sus consecuencias. En términos de tu propia vida, si por lo regular dudas antes de donar dinero y respondes con ansiedad al hecho de tener ingresos adicionales, podría significar que asumes que el dinero es la raíz de todos los males y que ser pobre es una manifestación de nobleza, las cuales son creencias limitantes que bien pueden inhibir tu habilidad para construir cimientos financieros fuertes.

MÉTODOS PARA CAMBIAR LAS CREENCIAS

Una vez que has descubierto las creencias limitantes puedes sustituirlas por creencias funcionales que apoyen las metas a largo plazo.

Cuadro 6.1.
Creencias limitantes

Dinero	La riqueza y la gente rica	Consecuencias de la riqueza	Identidad financiera
El dinero no crece en los árboles.	La gente rica es avara.	Si tengo mucho dinero, la gente verá sólo el dinero y no mi ser verdadero.	Soy un fracaso financiero.
Un buen empleo es el único camino hacia la seguridad financiera.	La gente rica es arrogante.		Nunca obtengo lo que necesito.
Las mujeres nunca deberían ganar más dinero que sus parejas.	La gente rica es distinta a la gente ordinaria, como yo.	Si soy rico, la gente intentará obtener mi dinero.	Nunca obtengo lo que quiero.
Quien tiene el dinero tiene el poder.	No es espiritual tener mucho dinero.	No es bueno que yo tenga más dinero que mis padres o hermanos.	No merezco ser rico.
La gente como yo nunca se hace rica.	No es seguro tener mucho dinero.	Si genero mucho dinero, puedo perderlo.	La gente como yo tiene problemas financieros.
Para generar mucho dinero debes trabajar muy duro.	La riqueza corrompe.	Si soy rico, ya no me relacionaré más con mis amigos.	No soy lo bastante inteligente para generar mucho dinero.
El dinero es la raíz de todos los males.	Es noble ser pobre.	Si soy rico, no puedo ser espiritual.	El dinero se escurre entre mis dedos.
			Nunca seré rico.

Creencias funcionales

Dinero	La riqueza y la gente rica	Consecuencias de la riqueza	Identidad financiera
El dinero proporciona oportunidades para el crecimiento.	La gente rica es generosa.	Con un flujo de efectivo saludable, aún puedo ser creativo y espiritual.	Soy un éxito financiero.
La seguridad financiera puede alcanzarse de muchas maneras.	La gente rica disfruta de la vida.		Estoy cómodo en términos financieros.
El dinero y la creatividad nos permiten ayudar a los demás.	Riqueza y bondad van de la mano.	Con más de lo suficiente, puedo tener más opciones.	Merezco ser rico.
El dinero le llega a la gente que lo ama y lo cuida.	Tener más que lo suficiente es el mejor patrón en el cual perfeccionarse.	Con más de lo suficiente, puedo satisfacer mis necesidades con más facilidad y ayudar a los demás.	Tengo todo lo que necesito para construir una base financiera sólida.
El dinero puede ayudarnos a superar circunstancias difíciles de la vida.	La riqueza de una persona puede ayudar a otras que están en desventaja.		Soy lo bastante inteligente como para generar mucho dinero.
			Confío en mí mismo para cuidar mi dinero.
			Mis sueños se hacen realidad.

Un método simple para sustituir tus creencias limitantes es cuestionar su validez, examinar cómo apoyan tu identidad actual y enfrentar tus preocupaciones acerca de la influencia de tus nuevas creencias en tu vida. Al mismo tiempo, disponte a deshacerte de las creencias que restringen tu progreso hacia tus metas.

Después de descubrir que te apegas a la creencia "La gente como yo nunca se hace rica", por ejemplo, podrías identificar el criterio de "La gente como yo" y después leer biografías de individuos que correspondan a dichas características y que hayan tenido éxito financiero, lo cual invalidará tu premisa básica y fundamentará la verdad de una creencia más positiva como "La gente como yo es rica".

Además, puedes preguntarte cómo el hecho de aferrarte a la creencia limitante protege tu identidad, proporciona una excusa para permanecer en tu posición financiera actual y elimina la necesidad de que te enfrentes a las consecuencias del cambio. Una vez que determines que tu creencia actual impide tu progreso, puedes elegir adoptar una creencia más funcional.

Un método para sustituir creencias limitantes es la técnica de la palabra de poder. Otro método implica neutralizar la potencia de las creencias limitantes mediante la acción directa. Por ejemplo, puedes neutralizar el poder de la creencia limitante "El dinero se escurre entre mis dedos" si ahorras un pequeño monto de dinero cada semana, lo cual conduciría por naturaleza a la adopción de la creencia "Puedo controlar mi uso del dinero". De igual manera, elaborar un presupuesto con el fin de tomarte esas vacaciones que has anhelado durante mucho tiempo puede neutralizar la parálisis resultante de la creencia "Nunca obtengo lo que quiero". Sin importar el método que utilices, el hecho de sustituir con regularidad las creencias limitantes por funcionales contribuye a obtener resultados financieros mesurables.

Nuevas creencias y el factor de identidad

Cuando las creencias comienzan a transformarse, es predecible que el factor de identidad reaccione debido a los cambios que éstas representan a nivel externo, en particular en términos de comportamiento. La confusión acerca de lo que debe esperarse o cómo actuar pueden causar indecisión, desorientación y descensos en la confianza. La noción del advenimiento de estas molestias, junto con la cercanía de un compañero de prosperidad o personas que las comparten pueden brindarte sustento mientras estableces una nueva identidad financiera.

La mañana de su décimo aniversario como contadora en una oficina de cuatro personas que "corría como un tren automático", Laura quiso salir de allí. A pesar de que su empleo le proporcionaba un ingreso adecuado para vivir con modestia en una casa de su propiedad, Laura había cumplido con todas las expectativas deseables y anhelaba cambiar su existencia de "sólo lo suficiente" por otra que se ajustara más a su idea placentera de la vida.

Ella sospechaba que las fuerzas que la habían mantenido adherida a su escritorio durante 10 años eran creencias que le habían inculcado desde niña. Creció en una casa sobria con tres hermanos menores, un padre ultraestricto que trabajaba largas horas como ingeniero y una madre fanática de la limpieza y el orden. Laura había llegado a creer que el exceso de cualquier tipo era una frivolidad, si no un pecado, y en esa categoría incluía a la diversión, las fiestas y las vacaciones. Los fines de semana familiares consistían en labores domésticas y actividades de la Iglesia.

Cuando comenzó a trabajar conmigo, Laura estaba ansiosa por transformar el sistema de creencias que había heredado por algún otro de su elección, a pesar de la desaprobación paterna que, estaba segura, enfrentaría. De manera gradual, adoptó creencias más apegadas a sus metas; entre ellas, la convicción de que merecía divertirse y de que gastar dinero por placer era aceptable y deseable. A medida que estas convicciones comenzaron a enraizarse en ella, Laura renunció a su empleo y comenzó un negocio de medio tiempo de contabilidad que tres años después floreció en una empresa de tiempo completo. Con el ingreso adicional que dicho negocio generó, ella pudo hacer renovaciones en su casa, se asoció con varios amigos para incursionar en la industria del entretenimiento y comenzó a asistir con regularidad a obras de teatro y conciertos. Las rejuvenecedoras visitas a un *spa* cercano la motivaron a continuar con el desarrollo de nuevos patrones de conducta.

La metamorfosis de Laura, sin embargo, no fue fácil. Mientras luchaba por liberarse de las creencias aprendidas durante su crianza, a veces sentía como si caminara por el borde de un precipicio, en peligro de caer en espiral al vacío. En tanto avanzaba hacia un territorio conductual ajeno, se enfermó en algunas ocasiones y se sintió casi paralizada por temor a lo desconocido. Más aún, sus padres y sus dos hermanos mayores la criticaron de forma incesante, lo cual le causó mucha ansiedad; no obstante, Laura pudo superarla al acercarse a sus nuevas amistades, quienes no la juzgaban con base en los estándares de su familia. Por fortuna, ella sabía que algunos efectos colaterales acompañarían cualquier insignificante cambio de identidad y que las molestias serían pasajeras. Este conocimiento le permitió saltar, radiante y feliz, hacia un nivel de prosperidad que le ofrecía abundantes oportunidades para sentirse satisfecha.

Acciones

Las acciones de este ejercicio incluyen sugerencias para que reconozcas y sustituyas tus creencias financieras. Ten en mente que puede haber múltiples creencias en acción en un solo momento y que, a medida que sustituyes una de ellas, otra puede emerger al instante, lo cual requiere de tu atención.

1. Examina tus creencias financieras

Con los cuadros 6.1 y 6.2 como guías, conecta tus pensamientos financieros actuales con tus creencias operativas y escribe en tu diario de prosperidad las creencias funcionales que te gustaría desarrollar como sustitutos. Para obtener mejores ingresos, durante la meditación pídele a tu adulto sabio que te revele las creencias limitantes que mantienen estancadas tus finanzas. Examina cada pensamiento y decide cuáles son las creencias que podrían sustentarlo.

2. Cuestiona la validez de tus creencias limitantes

Escribe las siguientes preguntas en tu diario de prosperidad o en una tarjeta que puedas llevar contigo:

- ¿Es verdadera esta declaración?
- ¿Qué parte de mí creo que es verdadera?
- ¿Cómo me ayuda a sustentar mi identidad el hecho de aferrarme a esta creencia?
- ¿Cómo amenaza a mi identidad el hecho de deshacerme de esta creencia?
- Si yo me deshiciera de esta creencia, ¿cómo cambiaría mi vida?
- ¿Estoy dispuesto a experimentar este cambio?

Cada vez que reconozcas una creencia limitante que podría bloquear tu progreso financiero, dialoga contigo mismo y utiliza como base estas preguntas. Después decide qué acciones tomarás para adoptar una creencia más funcional. Con el fin de incremen-

Cuadro 6.2.

Pensamientos actuales	Creencias operativas	Creencias sustitutas
Estoy en quiebra.	No valgo nada. No puedo tener lo que quiero o necesito. Nadie quiere apoyarme. Yo no puedo apoyarme.	Soy valioso. Puedo tener todo lo que quiera o necesite. Tengo la habilidad de brindarme auto-apoyo.
Si no pago mis cuentas pronto, tendré verdaderos problemas.	Mi comportamiento es vergonzoso. Merezco un castigo. No merezco la comodidad financiera. No puedo crear comodidad financiera.	Soy una buena persona. Merezco lo mejor que la vida ofrece. Merezco la comodidad financiera. Tengo la habilidad de crear todo lo que quiera.
Mi manera de gastar el dinero ha sido terrible.	Soy malo. Gastar todo mi dinero es malo. Nunca tendré lo suficiente para ser libre.	Soy una buena persona. Puedo ahorrar dinero y aun así tener todo lo que quiero. Tengo la habilidad de hacer tanto como elija.
Desearía tener más dinero para poder hacer más cosas.	No merezco tener lo que deseo. No puedo tener lo que deseo. No puedo tener lo que otra gente tiene. Soy pobre.	Merezco tener lo que quiero. Puedo tener cualquier cosa que desee. Merezco lo mejor que la vida ofrece. Soy valioso.
Mi manera de manejar el dinero es en verdad estúpida.	Soy estúpido. Nunca hago nada bien. Soy un verdadero perdedor.	Soy inteligente. Soy competente. Soy exitoso.

tar la efectividad de esta acción, haz que tu compañero de prosperidad te formule esas preguntas.

3. Utiliza tu palabra de poder para adoptar creencias financieras funcionales

Para adoptar creencias sustitutas que te ayuden a alcanzar el éxito
financiero, utiliza el siguiente formato. Deberás repetir de cinco a
diez veces cada declaración junto con tu palabra de poder.

1. Manifiesta tu disposición a aceptar la nueva creencia.
2. Date permiso de experimentar sus efectos.
3. Libera tu resistencia a sus efectos.
4. Haz una declaración positiva de ser.

He aquí algunos ejemplos:

Creencia: Soy un éxito financiero.
* Estoy dispuesto a creer que soy un éxito financiero. (Palabra de poder)
* Me doy permiso de ser un éxito financiero. (Palabra de poder)
* Libero mi resistencia al éxito financiero. (Palabra de poder)
* Disfruto del éxito financiero. (Palabra de poder)

Creencia: El dinero es una fuerza espiritual.
* Estoy dispuesto a creer que el dinero es una fuerza espiritual. (Palabra de poder)
* Me doy permiso de ser espiritual y de tener cantidades importantes de dinero. (Palabra de poder)
* Libero mi resistencia a ser espiritual y a tener cantidades importantes de dinero. (Palabra de poder)

- Soy espiritual y utilizo importantes cantidades de dinero de manera espiritual. (Palabra de poder)

Creencia: La gente rica es generosa.
- Estoy dispuesto a creer que la gente rica es generosa. (Palabra de poder)
- Me doy permiso de ser una persona rica y generosa. (Palabra de poder)
- Libero mi resistencia a ser una persona rica y generosa. (Palabra de poder)
- Soy una persona rica y generosa. (Palabra de poder)

Creencia: Con un flujo de efectivo saludable puedo tener oportunidades para la creatividad y el crecimiento.
- Estoy dispuesto a creer que, si tengo un flujo de efectivo saludable, puedo tener oportunidades para la creatividad y el crecimiento. (Palabra de poder)
- Me doy permiso de tener un flujo de efectivo saludable y oportunidades para la creatividad y el crecimiento. (Palabra de poder)
- Libero mi resistencia a tener un flujo de efectivo saludable y oportunidades para la creatividad y el crecimiento. (Palabra de poder)
- Tengo un flujo de efectivo saludable y oportunidades para la creatividad y el crecimiento. (Palabra de poder)

4. Graba una cinta de audio o un disco compacto para ayudarte a reprogramar tu inconsciente

Si grabas y luego escuchas tus nuevas creencias, te ayudarás a reforzarlas.

Haz lo siguiente:

- Selecciona algunas declaraciones de tu lista de creencias funcionales.
- Graba cada declaración con voz pausada y clara. Repítela varias veces.
- Pon la cinta al acostarte o cuando te despiertes, que es cuando tu inconsciente es más receptivo. Si te duermes mientras escuchas, tu inconsciente seguirá escuchando las palabras.

5. Examina cómo las nuevas creencias afectan tu identidad

Con tus creencias funcionales establecidas, tu vida no podrá hacer otra cosa que avanzar hacia una dirección ventajosa. Sin embargo, para impedir que las creencias funcionales amenacen tu identidad cuando las introduzcas por primera vez, imagina los cambios que podrían presentarse y las posibles reacciones de tus familiares y amigos a ellos. También considera cómo afectarán dichos cambios al concepto que tienes de ti mismo y de tu lugar en el mundo y cómo enfrentarás cualquier incomodidad resultado de los comportamientos no habituales. Si las nuevas creencias aún amenazan tu identidad, libera tu resistencia a ellas a través de la técnica de la palabra de poder y de declaraciones como las siguientes:

- Libero mi necesidad de aferrarme a mis viejas creencias. (Palabra de poder)
- Me doy permiso de adoptar nuevas creencias y cambiar mi identidad. (Palabra de poder)
- Estoy dispuesto a adoptar nuevas creencias y a cambiar mi identidad. (Palabra de poder)
- Libero mi temor a progresar. (Palabra de poder)
- Tengo derecho a creer en lo que yo quiera. (Palabra de poder)

- No soy desleal con mis amigos o familiares al adoptar nuevas creencias. (Palabra de poder)
- Deseo conocer personas que compartan mis nuevas creencias. (Palabra de poder)

6. Implementa nuevas creencias que apoyen tus metas

Por cada nueva creencia que tienda a impulsarte hacia alguna de tus metas financieras o personales, define tres pasos de acción que tomarás para ponerte en movimiento. Por ejemplo, para activar la creencia "Puedo cuadruplicar mi valor neto en siete años", quizá decidas iniciar un negocio con potencial de crecimiento; comprar, renovar y vender una propiedad abandonada, o unirte a un exitoso club de inversionistas. Mientras defines tus pasos de acción, permanece alerta a cualquier creencia limitante relacionada con tus habilidades que aún aceche en los rincones de tu mente. Cualquier creencia limitante que llame tu atención necesitará ser liberada y sustituida por otra más funcional.

EJERCICIO 7

Cultiva sentimientos saludables hacia el dinero

> Dicen que es mejor ser pobre y feliz que rico y miserable, pero qué tal un punto medio, como moderadamente rico y sólo temperamental.
>
> Princesa Diana

A pesar de que los pensamientos, creencias y emociones existen de manera simultánea, el hecho de analizarlos por separado nos proporciona tres diferentes perspectivas a partir de las cuales examinar y mejorar nuestra situación financiera. La posición estratégica emocional revela la fuerza con la que el interior de una persona puede precipitar situaciones financieras tanto deseadas como no deseadas. A través del análisis de los estados emocionales y después de la transformación de aquellos que inhiben el crecimiento financiero es que se hace posible retirar bloqueos y disparar la expansión monetaria. Las emociones modificadas refuerzan este cambio al transformar los pensamientos negativos y las creencias limitantes con el fin de dar lugar a comportamientos financieros benéficos.

Las emociones habituales expresadas a través de las finanzas, como abandono, vergüenza, enojo, privación y sensación de estar atrapado, siempre tienen sus raíces en el pasado y apoyan una identidad financiera ineficiente. Al arrancar de raíz y cultivar, en cambio, sentimientos saludables hacia el dinero, permitimos que se expanda nuestra identidad financiera.

CÓMO LAS EMOCIONES CREAN SITUACIONES FINANCIERAS

En *Molecules of Emotion* (*Moléculas de emoción*), Candace Pert se refiere a las emociones como "señales celulares que están implicadas en el proceso de transmitir información a la realidad física; en términos literales, transforman la mente en materia". Esta frase explica, desde una perspectiva psicológica, cómo las emociones afectan en las situaciones que creamos en nuestras vidas, incluso aquellas asociadas con las finanzas. En particular, nos ayuda a explicar por qué la gente que suele sentirse bien consigo misma y apoyada por otras personas tiende a crear condiciones financieras que le permiten vivir la experiencia de la libertad y la seguridad, mientras que, con frecuencia, aquellas que se juzgan de manera constante o se sienten solas no lo hacen.

Entonces, asumir las emociones como señales celulares cambia el enfoque. Ya no se trata de generar grandes sumas de dinero para generar emociones placenteras, sino de alcanzar un estado emocional en el que imperen sensaciones de satisfacción, seguridad y confianza en uno mismo y en los demás, disposición para expresar nuestras emociones y expectativas positivas sobre el futuro. Cuando este tipo de sensaciones son predominantes, los hábitos financieros saludables emergen de manera natural y hacen que sea relativamente fácil producir un flujo de efectivo positivo y construir fondos adicionales.

En contraste, las emociones reprimidas pueden tener un efecto muy negativo en los asuntos relacionados con las finanzas. Dado que las emociones por naturaleza buscan expresión, su energía se acumula cuando son bloqueadas hasta que ésta se libera de maneras indirectas y con frecuencia destructivas, como a través de relaciones desagradables con otras personas o hábitos financieros tendientes al fracaso y que resultan en pérdidas de dinero. Por ejemplo, una persona que experimenta decepciones repetitivas y se niega a compartir sus sentimientos con los demás también podría encontrarse con resultados de inversión decepcionantes. Por otra parte, si esta persona expresara sus sentimientos y desarrollara nuevas expectativas, podría mejorar su situación financiera dado que su decepción ya no necesitaría expresarse a través de sus inversiones.

El hecho de reconocer la conexión casual entre las emociones y las finanzas puede ayudarte a que dejes de considerarte una víctima de las circunstancias y a ponerte en acción para cambiar tu condición financiera. En este punto, en lugar de preguntarte: "¿Por qué me sucede esto?", tienes la opción de preguntarte: "¿Qué es lo que expreso a través de este problema financiero?" Imagina, por ejemplo, que tienes dificultades para pagar tus cuentas a tiempo. Si te preguntas: "¿Por qué me sucede esto?", quizá tu respuesta sea que tu sueldo es bajo, que los gastos inesperados no dejan de aparecer o que no puedes controlar los gastos de tu esposa; por tanto, te asumirías como una víctima de las circunstancias o del comportamiento de otra persona.

Por el contrario, si aceptas que el hecho de no pagar tus cuentas a tiempo te proporciona una oportunidad para expresar tus emociones, entonces puedes seguir el rastro del sentimiento particular estimulado por tu conducta, liberarlo y sustituirlo por sentimientos más funcionales.

Para muchas personas, la simple comprensión de las emociones que expresan conduce a un cambio de comportamiento y, con el tiempo, a una mejor situación financiera. Por ejemplo, Carla, de 40 años, juró pagar toda su deuda en su tarjeta de crédito pero cada mes era incapaz de pagar más de la mínima cantidad requerida. A pesar de que disfrutaba de su empleo en una empresa de relaciones públicas, sus costos de vida aumentaban mientras sus ingresos eran escasos y no muy frecuentes. Como resultado de su patrón financiero, Carla se sentía privada, atrapada y decepcionada de sí misma, además de confusa por no saber por qué no podía hacer más para mejorar su vida.

Después de interrogarla, resultó evidente que algunos aspectos de su historia personal influían en sus patrones financieros. Los padres de Carla rara vez la habían motivado y la criticaban con frecuencia.

Por si fuera poco, cuando ella tenía siete años, la familia se mudó de Alemania a Estados Unidos y pasaron muchos meses antes de que ella pudiera hablar inglés con fluidez, lo cual la hizo sentir como una forastera, aislada y perdida en la autocompasión. Mientras examinábamos sus finanzas, Carla se dio cuenta de que sentir lástima por sí misma era uno de sus principales patrones emocionales y que sus circunstancias financieras le permitían sustentar ese hábito. Ella comprendió que, con el fin de progresar en términos financieros, tenía que estar dispuesta a remplazar la autocompasión por la confianza en sí misma, por la gratitud y por sentimientos de logro.

Con el uso de técnicas de liberación emocional y con el autoaprendizaje de nuevas respuestas emocionales, Carla pudo modificar su panorama sentimental poco a poco y, como resultado, estableció comportamientos financieros más saludables. Al monitorear su progreso 18 meses después, ella estaba sorprendida con los cambios: había adquirido mucho más confianza, había encontrado un nuevo empleo y había liquidado por completo sus deudas con las tarjetas de crédito. En lugar de sentir lástima por sí misma, Carla ahora se sentía satisfecha con su nueva identidad financiera y con la vida que vivía.

TODOS LOS SENTIMIENTOS SON VÁLIDOS

Los juicios sociales acerca del valor de ciertas emociones como positivas o negativas, así como el condicionamiento cultural relacionado con la expresión de las emociones, ocasiona que mucha gente niegue o reprima sus sentimientos por vergüenza. Frases como "No deberías sentirte así", "Los niños no muestran sus emociones" o "No es espiritual sentir enojo" refuerzan dichos comportamientos.

Pero a pesar de que las emociones pueden causar estados de comodidad o de molestia, los sentimientos no son buenos ni malos; sólo son y sirven a un propósito: permitir la autoexpresión, generar una conducta y funcionar como puentes entre nosotros y nuestro entorno (observa la figura 7.1). La ira, por ejemplo, puede señalar el hecho de que alguien ha violado nuestros límites. La excitación y el placer, por su parte, pueden motivarnos a progresar.

Las personas que aceptan que todas las emociones son válidas y encuentran una vía saludable para su expresión por lo regular son capaces de impedir o resolver sus problemas financieros. En primer lugar, relacionan sus comportamientos financieros disfuncionales, como las compras compulsivas o los empleos mal pagados, con emociones incómodas; después liberan esos estados emociona-

Figura 7.1. Las emociones sirven como puente entre el mundo interno y el mundo externo.

les y adoptan nuevos capaces de producir comportamientos financieros más satisfactorios.

CUANDO EL NIÑO HERIDO ESTÁ A CARGO

Muchas conductas financieras improductivas son resultado de patrones emocionales establecidos a edad temprana. Incluso con padres conscientes, el panorama emocional de un niño puede incluir sentimientos de abandono, vergüenza, enojo, privación y sensación de estar atrapado, mismos que con mayor frecuencia generan situaciones financieras incómodas. Por ejemplo, la vergüenza puede desarrollarse cuando un niño se siente más pequeño e incapaz que sus padres y hermanos mayores; los sentimientos de privación pueden surgir en respuesta a la disciplina paterna; el enojo puede encenderse cuando los deseos del niño no son satisfechos. Las experiencias de la infancia en hogares menos conscientes tienden a producir heridas emocionales más profundas. En ambos casos, el grado en que dichas heridas afectan el comportamiento adulto de una persona determina su habilidad para infundir prosperidad a su vida.

Esto no significa que una infancia incómoda interferirá necesariamente en la habilidad de la persona para generar sumas importantes de dinero. Por el contrario, esas emociones de la infancia pueden ser un estímulo para construir riqueza y conducen al individuo a adquirir sofisticadas habilidades y esforzarse por convertirse en una persona acaudalada. Sin embargo, no es sino hasta que las emociones incómodas son atendidas que resulta posible disfrutar de la riqueza y promover sentimientos de seguridad y satisfacción.

Harvey, por ejemplo, proviene de una familia pobre encabezada por un padre alcohólico, quien se marchó cuando él tenía cinco años. La personalidad crítica y emocionalmente distante de su madre aumentó su incomodidad. Cuando tuve mi primera consulta con Harvey, él trabajaba como corredor de materias primas y tenía un valor neto de tres millones de dólares, el cual deseaba duplicar con el fin de sentirse cómodo y seguro. Al mismo tiempo, lo acosaba un persistente sentimiento de falta de propósito y se cuestionaba la ética de su empresa, donde las utilidades importaban más que la gente.

Como resultado del trabajo que realizamos juntos, Harvey pudo comprender que el combustible de su deseo de ser rico eran sentimientos de abandono, vergüenza y privación, emociones que caracterizaron sus primeros años de vida. Con esta conciencia y su disposición a practicar las técnicas que le sugerí, Harvey dejó de concentrarse en el dinero y comenzó a examinar sus verdaderos deseos y valores de vida. Más tarde dejó la industria financiera y abrió una tienda de bicicletas, la cual le permitió disfrutar de su amor por explorar los ambientes naturales y tener su propia empresa. Guiado por su patrón financiero de generar más dinero del necesario, después de un año Harvey tuvo éxito en su intención de incrementar sus fondos sin el estrés y la ansiedad que antes había experimentado. Después de contraatacar gran parte de la programación de su infancia que había afectado sus finanzas, Harvey pudo desarrollarse como un adulto saludable a nivel financiero.

Los resultados son menos exitosos entre personas que se identifican y protegen a su niño herido interior. Para ellas, el concepto de convertirse en adultos responsables es poco atractivo porque su niño interior clama por su libertad y teme quedar destruido si entrega el control. Como estas personas desconocen que la disciplina puede generar más libertad y un mayor flujo de efectivo, se resisten a la disciplina necesaria para establecer hábitos financieros saludables. Por fortuna, el compromiso de progresar puede romper cualquier hábito y permite que un nuevo personaje (el adulto sabio) se haga cargo.

Haz contacto con tus sentimientos hacia el dinero

A pesar de que a la gente le resulta difícil vincular los sentimientos con las finanzas porque están separadas de sus emociones, tiene reacciones emocionales hacia las actividades financieras. Comprender la naturaleza de dichas reacciones hace menos amenazante el hecho de reconocerlas, en especial entre individuos que equiparan las emociones con expresiones externas, como el llanto y los gritos.

Candace Pert, su esposo, el doctor Michael Ruff, y otros científicos han encontrado en el cuerpo receptores celulares a través de los cuales expresamos emociones. La intuición, por ejemplo, tiene lugar en el abdomen, mientras que la sensación de que algo no está del todo bien puede ocurrir en muchas partes del cuerpo. Una rigidez súbita en el cuello o los hombros, un retortijón estomacal, pesadez en los brazos y las piernas, un sistema inmunológico deprimido o un corazón "roto" pueden ser señales de actividad emocional en el cuerpo.

Por tanto, cuando examinamos las emociones expresadas a través de las finanzas, en lugar de concentrarnos en las descripciones verbales de estados emocionales, como tristeza, enojo, traición o privación, es posible reconocer sentimientos al observar las reacciones fisiológicas a las situaciones financieras. Por ejemplo, si compras algo que sabes que no puedes pagar, podrías notar una sensación de opresión alrededor del corazón o una contracción en el abdomen. Dado que el cuerpo señala reacciones emocionales a través de sus receptores, la identificación de sentimientos no requiere de sofisticaciones lingüísticas. Con sólo declarar: "Siento opresión en el pecho cuando pienso en ello", es suficiente. Esas respuestas fisiológicas por sí mismas pueden ayudar a clarificar la comprensión de los sentimientos de una persona hacia el dinero de manera que pueda cambiarlos.

DESARROLLA NUEVOS HÁBITOS EMOCIONALES

A lo largo del puente formado entre nuestros mundos interno y externo, ciertas situaciones detonan sentimientos predecibles. Una conversación con un padre demandante, por ejemplo, puede hacer surgir sentimientos de ira o vergüenza de manera consistente, mientras que sentarse a contemplar la playa puede inducir paz interior. De igual manera, los comportamientos financieros, como recibir o pagar cuentas, pedir un aumento de sueldo o incluso realizar las compras cotidianas, con frecuencia activan respuestas emocionales previsibles que pueden o no ser incómodas. La naturaleza habitual de las reacciones emocionales a las finanzas causa que las personas en mejores circunstancias aun experimenten incomodidad cuando realizan una compra, pagan impuestos o abren un sobre que contiene una factura. Por lo anterior, el hecho de mejorar tu relación con el dinero requiere del desarrollo de conciencia no sólo de los sentimientos habituales expresados a través de tus patrones financieros sino también de aquellos que experimentas a través de las transacciones financieras de tu vida cotidiana.

Con una comprensión de tu estructura emocional en relación con el dinero puedes comenzar a remplazar las respuestas emocionales que ya no te sirven con sentimientos que promueven la prosperidad. Este procedimiento implica tres niveles: hacerte consciente de las emociones estimuladas por situaciones financieras, expresarlas y generar emociones alternas que promuevan la prosperidad.

Dado que las emociones definen muchos aspectos de tu relación con el dinero, las acciones de este ejercicio son más efectivas si las realizas durante un periodo extendido. La mayoría de la gente descubre que, al liberar una emoción expresada a través de su situación financiera, otra emerge con el paso del tiempo y los periodos entre las liberaciones de emociones se hacen cada vez más largos y más productivos. De hecho, el cambio eficiente de respuestas emocionales habituales hacia determinadas situaciones financieras demanda al menos tanta atención y compromiso como la transformación de pensamientos. Sin una concentración de este tipo, es inevitable que ocurra la reincidencia de los viejos patrones que apoyan una identidad financiera bien establecida, pues las emociones actúan como expresiones de la identidad.

Mientras tanto, es importante que comprendas que cambiar tu tono emocional puede transformar de manera significativa tus relaciones con los demás. Por ejemplo, cuando una persona cuya actitud habitual es servil remplaza su vergüenza por autoconfianza, en lugar de ser controlada con facilidad y de buscar complacer a los demás de pronto podría establecer límites protectores y tomar decisiones más lógicas. Dicho tono emocional modificado requiere de ajustes psicológicos y paciencia con los demás, quienes podrían comportarse como si esa persona todavía fuera servil.

ACCIONES

Dado que el hecho de alterar las respuestas emocionales a las situaciones financieras requiere de determinación y coraje, antes de trabajar con las acciones que siguen invierte algún tiempo para examinar con tranquilidad tu disposición a cambiar tus estados emocionales. Después declara tu compromiso con el proceso.

1. Relaciona reacciones emocionales con situaciones financieras

Es probable que experimentes emociones similares a aquellas expresadas través de tu patrón financiero (consulta el ejercicio 3) durante tus interacciones financieras diarias. Para relacionar tus reacciones emocionales con esas situaciones, realiza la siguiente actividad varias veces por semana y elige una variedad de situaciones financieras que por lo regular te incomoden:

- Tranquiliza tu mente hasta que te sientas relajado y centrado. Después imagínate en una situación financiera incómoda, como pagar una cuenta. Visualiza con claridad la situación en tu mente.
- Al hacer lo anterior, observa tu respiración para ver si se acelera o se hace más trabajosa. Enseguida, enfoca tu atención en tu abdomen y percibe cualquier tensión o alguna otra incomodidad. Después revisa tu cabeza, pecho, brazos, piernas, abdomen, hombros y espalda y busca signos de incomodidad.
- Después de percibir cualquier sensación desagradable, profundiza en tu familiaridad con ella concentrándote en sus características principales (¿es aguda, ligera, tensa, temblorosa?) y su nivel de intensidad.
- Con tu atención vertida sobre la sensación, respira profundamente varias veces, imagina que el lugar donde la experimentas se expande con cada respiración y repite tu palabra de poder. También puedes repetir una afirmación, como éstas: "Estoy dispuesto a liberarme de esta sensación" o "No necesito esta sensación", seguida por tu palabra de poder. Si la intensidad comienza a disminuir, continúa con el procedimiento hasta que la sensación desaparezca.
- Si, en cambio, la sensación persiste, proporciónale una vía de expresión. Mantén tu atención en ella y emite un sonido

para articularla, como un lamento profundo, gemido, gruñido, grito o cualquier otro que surja. Quizás encuentres un poco de resistencia inicial, lo cual sería una respuesta natural para personas acostumbradas a reprimir sus emociones, pero persevera hasta expresar la emoción a través del sonido. Después repite el sonido e incrementa el volumen si te es posible, hasta que la sensación se disipe.

- Cuando el sentimiento haya desaparecido, luego de la rutina de la respiración o del sonido, imagina la misma situación financiera y nota si el sentimiento vuelve a surgir con la misma intensidad. Si es así, repite las rutinas de respiración y sonido precedidas por la declaración: "Libero mi resistencia a deshacerme de este sentimiento", seguida por tu palabra de poder. Una vez que el sentimiento se haya disipado, o cuando su intensidad haya disminuido, procede con el siguiente paso.
- Concentrado en la situación financiera original, genera un sentimiento motivante mientras repites una afirmación positiva, como ésta: "Tengo mucho dinero para pagar mis cuentas y disfruto hacerlo", seguida por tu palabra de poder, de cinco a diez veces. Si la actividad original tiene consecuencias negativas en el mundo real, como pagar las cuentas con retraso, visualiza en cambio una consecuencia positiva, como ver un largo balance en el estado de cuenta de tu chequera o pagar la cuenta a tiempo mientras generas el sentimiento confortable y repites la afirmación positiva.

Una vez que te hayas familiarizado con la localización de sentimientos en tu cuerpo mientras te imaginas en situaciones financieras incómodas, comienza a registrar tus sentimientos en situaciones de la vida real. Por ejemplo, durante una interacción financiera, nota las sensaciones en tu cuerpo, en especial en las áreas cercanas al corazón y el abdomen. Si reconoces alguna incomodidad, respira profundamente varias veces, repite en silencio tu palabra de poder y, si lo deseas, pronuncia una afirmación positiva.

Practica esta técnica en situaciones como las siguientes:

- Hacer una compra.
- Discutir sobre finanzas con otra persona.
- Pagar una cuenta.
- Pensar en tus deudas.
- Solicitar una hipoteca, préstamo o tarjeta de crédito.
- Hablar con alguien a quien consideres superior en términos financieros.
- Hablar con tus clientes si eres propietario de un negocio.
- Mantener un registro de tu dinero.
- Retirar dinero de un cajero automático.
- Ir de compras.
- Hacer un cheque.
- Ejecutar una operación bursátil.
- Tomar una decisión financiera.

2. Define tus sentimientos

Mientras adquieres experiencia en la observación de tus sensaciones, determina la emoción que expresan al momento de llevar a cabo transacciones financieras, como abandono, privación, vergüenza, ira, sensación de estar atrapado o alguna de las emociones relacionadas que se enlistan en el cuadro 3.2. Después de reconocer una emoción, libérala a través de la siguiente secuencia:

1. Libera tu necesidad del sentimiento.
2. Libera tu resistencia a deshacerte de ese sentimiento.
3. Afirma tu disposición a liberarte de ese sentimiento.

4. Date permiso de sentir algo distinto.

5. Afirma un estado positivo de ser mientras imaginas que lo experimentas.

Para liberarte del sentimiento de vergüenza, por ejemplo, podrías decir:

- Libero mi necesidad de vergüenza. (Palabra de poder)
- Libero mi resistencia a deshacerme de mi vergüenza. (Palabra de poder)
- Estoy dispuesto a liberar la vergüenza que siento. (Palabra de poder)
- Me doy permiso de sentirme orgulloso. (Palabra de poder)
- Estoy orgulloso de mí mismo y de lo que hago. (Palabra de poder)

Como alternativa, puedes realizar una o varias de las siguientes acciones para liberar emociones que podrían estar reprimidas. Compartir los sentimientos que reconoces con tu compañero de prosperidad puede servir como parte del proceso de liberación.

3. Tranquiliza a tu niño interior

Si con frecuencia tu niño herido interior encuentra expresión a través de las disfunciones financieras, utiliza esta técnica para sanar al niño y asistir al adulto sabio para que tome mayor control. La meta es nunca deshacerse del niño interior y desarrollar una relación saludable con este aspecto creativo-emocional de ti mismo que adora pasársela bien.

- Toma asiento en una silla cómoda con los ojos cerrados. Respira profundamente varias veces para relajarte.

- Imagina que viajas hasta lo profundo de tu corazón y, mientras te aproximas, mírate como un niño de entre tres y cinco años, en una habitación grande y vacía. Al principio, te sientes aislado y solo; después te das cuenta de que tienes poderes especiales y puedes llenar esa habitación con lo que quieras, como mullidos cojines para sentarte, juguetes para divertirte con ellos, relucientes imágenes en las paredes y una mascota. Invierte varios minutos en crear una habitación que te complazca y te permita sentirte seguro.
- Al hacerlo, presta atención a la carga emocional de la decoración o de los objetos que colocas en la habitación. Si descubres que temes imaginar lo que deseas, determina la razón y después pronuncia tu palabra de poder mientras continúas con la decoración de la habitación.
- Ahora imagina que, como adulto sabio, entras a la habitación y te sientas junto al niño que eres tú mismo. Coloca los brazos alrededor del pequeño con actitud amorosa y explícale que has venido para prestarle ayuda. Pregúntale si hay algo que necesita y haz tu mejor esfuerzo por satisfacer esas necesidades.
- Promete comunicarte con el niño de manera regular y reafírmale tu amor y tu deseo de estar con él de nuevo.

Varias veces por semana comunícate con el niño y registra el diálogo en tu diario de prosperidad. Para reforzar tu vínculo con tu infancia, utiliza crayones o lápices de colores, dibuja tus notas o escríbelas con la mano que por lo regular no utilizas para ello. Darle nombre y dibujar al niño también puede incrementar la efectividad de esta técnica.

4. Relaciona los cinco sentimientos financieros principales con tu situación

Consulta los cuadros 3.2 y 7.1 como guía. En tu diario de prosperidad elabora una lista de los cinco sentimientos financieros principales y relaciónalos donde sea apropiado con tu situación financiera.

Cuadro 7.1.

Abandono	Con frecuencia debo dinero a la gente. Mi sueldo es bajo. Perdí mucho dinero después de mi divorcio. La gente se aprovecha de mí en términos financieros.
Vergüenza	Mis cheques rebotan. Estoy avergonzado por mi deuda. Nunca sé adónde se va mi dinero. Estoy avergonzado por mis ingresos.
Enojo	Odio pagar tantos impuestos. Me niego a pagar el dinero que debo. Pago mis cuentas con retraso porque estoy irritado por gastar tanto. Me enfurece que aquellos con empleos más sencillos ganen más dinero que yo. Estoy furioso conmigo mismo por no cuidar mejor de mi dinero.
Privación	Compro cosas de manera compulsiva en mi intento por llenar un vacío en mi interior. Me siento como un huérfano cuando pienso en lo poco que gano. Me aferro a cosas que no necesito. Prefiero endeudarme que negarme las cosas que quiero.
Sensación de estar atrapado	Me siento aprisionado por mi deuda. Mi empleo es mi penitencia. Dudo que alguna vez pueda salir de esta situación.

Mientras realizas esta acción, siente cada emoción, respira a través de ella, pronuncia tu palabra de poder y emite un sonido que la exprese. Después examina cada declaración que escribiste, libera las emociones derrotistas y considera sustitutos más satisfactorios. Por ejemplo, si descubres que estás avergonzado por ciertos comportamientos financieros, puedes optar por aceptar tu conducta pasada, liberarte de la vergüenza y sentirte bien con lo que sea que hagas. Al cesar tu autocondena puedes reforzar una autoimagen más positiva y darte ánimos para modificar tus comportamientos financieros en el futuro. De igual manera, si te sientes atrapado por tu situación financiera, endeudado o con ingresos insuficientes, puedes liberar el sentimiento mientras te pones en acción para crear una situación más productiva, como cambiar tus hábitos de gastos o buscar una nueva fuente de ingresos. Si realizas lo anterior para cada una de tus declaraciones, tendrás más claro el hecho de que tienes opciones y puedes tomar decisiones funcionales que te permitan un progreso financiero.

5. Elabora un inventario de sentimientos

Una vez que reconozcas las emociones que se expresan a través de tus finanzas, elabora un inventario de sentimientos para liberarlos. Para comenzar, registra en tu diario de prosperidad los sentimientos que has identificado. Después escribe una lista de momentos no relacionados con el dinero durante los cuales hayas sentido esas emociones en el pasado y cualquier anotación que contribuya a ellas en el presente. Por ejemplo, si estás consciente de que te sientes avergonzado por tus comportamientos financieros, tu lista podría ser similar a ésta:

* Me sentí avergonzado cuando rompí la ventana del vecino.
* Me sentí avergonzado cuando reprobé mi examen de ortografía.

- Me sentí avergonzado cuando me sacaron del juego en la liga de beisbol.
- Me sentí avergonzado cuando no pude obtener una beca escolar.
- Me siento avergonzado porque tengo corta estatura.
- Me siento avergonzado porque no soy muy inteligente.

A medida que escribas cada declaración, experimenta de nuevo la emoción, respira a través de ella y emite sonidos para expresarla. Después escribe o pronuncia en voz alta una declaración de liberación seguida por tu palabra de poder, como las siguientes:

- Libero mi necesidad de sentir vergüenza. (Palabra de poder)
- Libero mi resistencia a liberar mi vergüenza. (Palabra de poder)
- Estoy dispuesto a liberarme de la vergüenza. (Palabra de poder)
- Me doy permiso de liberarme de la vergüenza. (Palabra de poder)
- Libero la vergüenza y manifiesto que me siento bien conmigo mismo. (Palabra de poder)

Finalmente, selecciona en tu lista un suceso del pasado que tenga una fuerte carga emocional. Cierra los ojos, respira profundamente varias veces e imagina que ese suceso tiene un final feliz y que experimentas un sentimiento diferente como resultado. Por ejemplo, mírate batear un *home run* en la liga de beisbol y, al mismo tiempo, genera un sentimiento de excitación. Repite la técnica de visualización con otros sucesos que te hayan causado incomodidad emocional y siempre imagina emociones agradables asociadas con los resultados modificados.

6. Reconoce los sentimientos que apoyan tu vieja identidad

Todo el mundo tiene razones válidas para el desarrollo de sus hábitos emocionales, la mayoría de los cuales tienen sus orígenes en el pasado distante. Como resultado del conocimiento obtenido, la mayoría de la gente podría reaccionar de distinta manera a situaciones similares si no fuera por su esfuerzo por mantener respuestas habituales que apoyen su identidad regular. Por tanto, el hecho de comprender que las nuevas respuestas emocionales pueden ser una amenaza para tu identidad y darte cuenta de que te resistes a modificar viejos hábitos emocionales, o buscas excusas para continuar con ellos, puede ayudarte a nutrir una identidad financiera caracterizada por un conjunto de emociones nuevas.

7. Practica nuevos sentimientos

Dado que las emociones contribuyen a tu situación financiera, la práctica de nuevos sentimientos (consulta los que estableciste como metas en el ejercicio 4) puede ayudarte a cambiarla. Sentirse satisfecho, seguro, generoso, orgulloso, aceptado y apreciado caracterizan al patrón financiero "más que suficiente" y generarlos de manera consciente puede, por tanto, dar origen a situaciones congruentes con ellos.

Para practicar una emoción de tu elección, en estado meditativo recuerda un momento en el cual la experimentaste. Mientras recuerdas la emoción, percibe las sensaciones en cada parte de tu cuerpo y declara lo que sientes. Por ejemplo, para practicar la emoción de sentirte exitoso, recuerda un momento en el cual te hayas sentido así, incluso si sólo fue durante un breve periodo. Imagina con claridad la situación que disparó el sentimiento y siéntete excitado y dichoso. Después, repite para ti: "Me siento exitoso". A continuación, en silencio afirma el sentimiento y di: "Soy exitoso". Para reforzar dichas afirmaciones, agrega tu palabra de poder a cada una de ellas.

Cuando logres llevar esto a cabo en estado meditativo sin problemas, inténtalo en situaciones de la vida real. Por ejemplo, si por lo regular te sientes avergonzado por tus ingresos, la siguiente ocasión en que recibas tu sueldo respira profundamente varias veces e imagina que te sientes satisfecho. Repite: "Estoy satisfecho con el sueldo que recibo". A pesar de que mucha gente teme que, si se siente satisfecha con lo que tiene en el presente, logrará muy poco o nada en el futuro, lo opuesto es verdad: dado que las emociones crean las situaciones financieras, al practicar sentirte satisfecho incrementarás tus probabilidades de ganar suficiente dinero que te satisfaga. Si te resulta complicado generar el sentimiento de satisfacción o cualquier otro sentimiento que practiques, examina la emoción prevaleciente y actúa para liberarla. Por ejemplo, si intentas sentirte satisfecho y todo lo que puedes sentir es enojo, determina por qué sientes el enojo, respira a través del sentimiento para liberarlo y sustitúyelo por el nuevo sentimiento de satisfacción.

EJERCICIO 8

Establece conductas financieras responsables

> La manera de hacerte rico es poner todos los huevos en una canasta y después cuidar esa canasta.
>
> ANDREW CARNEGIE

Es probable que determinados comportamientos se den de manera natural en los participantes de un programa de acondicionamiento físico, como comer más alimentos integrales, portar prendas que les sienten mejor o caminar con mayor confianza. De igual manera, el hecho de establecer pensamientos, creencias y emociones con bases más sólidas puede generar comportamientos financieros más responsables, como cuidar mejor el dinero, evitar las deudas o hacer planes para el futuro.

Sin embargo, la resistencia a las acciones poco habituales por parte de una identidad amenazada por el cambio puede retrasar dicho proceso.

Esto significa que, aun cuando una persona desarrolle un diálogo interior más positivo, expanda sus creencias, experimente emociones más cómodas y, en consecuencia, eleve su nivel de vida, una relación verdaderamente sana con el dinero será muy difícil de alcanzar a menos que todas estas acciones estén acompañadas del establecimiento de conductas financieras responsables. La recompensa oculta es que, poco a poco, dichos comportamientos se convierten en rutinas que también dan lugar a una nueva identidad financiera.

Adáptate a los nuevos comportamientos

Casi todos los libros de finanzas personales citan consejos para construir una seguridad financiera: gasta menos de lo que ganes, libérate de las deudas, ahorra un porcentaje de tus ingresos, desarrolla un plan financiero realista, administra tu dinero y aprende acerca de tus diferentes opciones de inversión. Mientras el seguimiento de estos consejos puede incrementar de manera significativa tu potencial hacia el éxito financiero, el hecho de cumplirlos significa aprender nuevas habilidades e implementar comportamientos poco habituales, lo cual exige dar un paso en el túnel oscuro de la transición. Las consecuencias impredecibles y la desorientación producto de la torpeza del cambio son inevitables. Con ello, mucha gente se desmotiva y permanece estancada en su situación financiera, en especial aquellos individuos que pretenden alterar muchas de sus conductas en poco tiempo y esperan resultados inmediatos. A pesar de que el proceso de mutación pueda parecerle lento a la gente que busca un alivio inmediato a sus problemas financieros, incluso los más pequeños ajustes conductuales pueden estimular cambios espectaculares con el paso del tiempo. Por tanto, mientras trabajas con este ejercicio, ten en mente que, al igual que los demás ejercicios para desarrollar los músculos del dinero, su intención es convertirse en parte de un programa a largo plazo, no en una solución a corto plazo.

Con el fin de minimizar tu resistencia a establecer comportamientos financieros responsables, las acciones de este ejercicio presentan las actividades más elementales necesarias para desarrollar una relación más productiva con el dinero. Si las introduces en tu rutina diaria de manera gradual durante un periodo largo, como seis o 12 meses, mejorarás tus probabilidades de adaptarte con éxito a los nuevos comportamientos y a resultados a los cuales no estás acostumbrado. Además, el hecho de compartir tu experiencia con tu compañero de prosperidad puede ayudarte a implementar dichas acciones gracias al apoyo y la confianza que ofrece dicha relación.

Las acciones de este ejercicio proporcionan sugerencias prácticas para lograr las metas financieras que definiste en el ejercicio 4, acción 1, relacionadas con tus ingresos, ahorros y reducción de deuda. Ahora puedes alcanzar tus metas mediante:

- Un registro financiero consistente.
- La creación de un plan realista de gastos.
- El manejo de tu deuda.
- El desarrollo de un hábito de ahorro.
- La planeación para un mayor flujo de efectivo.

Estas actividades pueden modificar en gran medida tu relación con el dinero y conducirte a una posición financiera cómoda, siempre y cuando estés consciente del potencial de resistencia y de la necesidad de ser perseverante.

CONTRARRESTA LA RESISTENCIA

Así como el desarrollo de músculos fuertes requiere de levantar pesas o de realizar otros ejercicios de manera disciplinada durante determinado periodo, desarrollar los músculos del dinero implica seguir ciertos procedimientos financieros hasta que se conviertan en hábitos. Intentar transformarte en una persona próspera sin llevar un registro de tu dinero o sin gastar menos de lo que ganas es semejante a intentar perder peso sin reducir las calorías o sin ejercitarte más: no funciona.

Desafortunadamente, mucha gente se resiste a concentrarse en las nuevas habilidades y en la disciplina requeridas para el progreso financiero, por muchas razones. Una de ellas es la urgencia por la gratificación inmediata, la cual impulsa a la gente a comprar cosas para consentir sus caprichos momentáneos, incluso sin fondos suficientes, en lugar de ejercitar la disciplina necesaria para adoptar prácticas financieras funcionales. Dado que el manejo del dinero puede parecer aburrido en comparación con el último juguete electrónico o con una noche exótica en la ciudad, la posibilidad de ahorrar para el futuro o reducir la deuda en las tarjetas de crédito con frecuencia juega un papel secundario frente a una compra por diversión, a pesar de su tendencia a aumentar la inestabilidad financiera.

En última instancia, aunque sea tentadora la opción de un camino más sencillo, la única manera segura de controlar los gastos y las deudas o de garantizar un futuro financiero seguro es establecer un plan prudente e implementar técnicas prácticas de manejo de dinero que exigen disciplina, determinación y un fuerte deseo de prosperar.

Otra razón para resistirse a la responsabilidad financiera es el temor a perder la identidad personal junto con la posición acostumbrada en nuestro grupo de amigos o familiares. Para la gente que tiene una relación disfuncional de largo plazo con el dinero, el hecho de establecer nuevos comportamientos financieros significa desarrollar características personales inusuales, lo cual puede desorientar y requerir de ajustes importantes en su estilo de vida.

Rebeca, por ejemplo, anhelaba reconocimiento profesional y se emocionó mucho cuando una galería de Los Ángeles accedió a exhibir sus obras de arte. Durante años, Rebeca había trabajado en empleos de medio turno para generar el dinero que necesitaba para sus gastos básicos y para comprar la materia prima de sus obras de arte. En lugar de prestar atención a sus finanzas, ella gastaba todo el dinero del cual disponía en el momento y de vez en cuando le rebotaban los cheques porque no llevaba un registro de su estado de cuenta bancario.

Las obras de arte de Rebeca comenzaron a venderse, y cada vez que la galería le pagaba, se emocionaba muchísimo y compraba algo para su departamento o su estudio. Carecía del más mínimo incentivo para cambiar su comportamiento financiero hasta que, unos meses después, se dio cuenta de que el incremento en su flujo de efectivo, por maravilloso que le pareciera, la hacía sentir obligada a hacer algo más con sus ingresos adicionales. Lo anterior la obligó a llevar un mejor registro de su dinero y a abrir una cuenta de ahorros, en la cual comenzó a depositar de inmediato 10% de los ingresos que recibía por la venta de sus obras de arte. Animada por su nueva posición financiera, Rebeca comenzó a pensar en comprarse una casa e investigó sobre hipotecas para compradores primerizos de bienes raíces.

No obstante, después de ocho meses de ventas constantes, la demanda por sus obras de arte disminuyó y Rebeca pudo darse cuenta de que, si no cambiaba algo, regresaría a la misma posición financiera que tenía antes de comenzar a venderlas. Después de evaluar sus circunstancias, Rebeca se percató de que ciertos aspectos de su vida la arrastraban de regreso a su vieja identidad.

Por una parte, ya no tenía la disciplina de registrar sus finanzas, lo cual la revirtió a su viejo hábito de la imprecisión financiera. Por otra, experimentaba conflictos con aquellos de sus amigos que no apoyaban su nueva identidad. Su independencia financiera también había causado tensión en sus relaciones con sus padres. Durante la mayor parte de su vida adulta, sus conversaciones con ellos se habían centrado en sus dificultades financieras y el hecho de extrañar ese tipo de atención la había desorientado.

Al mismo tiempo, Rebeca estaba confundida pues no sabía cómo actuar con los artistas con quienes se había relacionado y había comentado la dificultad de obtener apoyo financiero en el mundo del arte. A pesar de que ellos profesaban admiración por su creciente fama y sus ventas, provocaban en ella un poco de celos y una sensación de separación.

Finalmente, dado que Rebeca no estaba preparada para el éxito, tuvo dificultades para enfrentar su nueva posición en la comunidad del arte. No habituada a este tipo de atención, ella se sentía insegura de cómo responder cuando la gente expresaba su admiración hacia su persona o su atrabajo.

Por fortuna, cuando Rebeca comenzaba a recuperar su vieja identidad financiera se dio cuenta de lo que sucedía. Decidida a no perder lo que había ganado, se apegó de nuevo a su disciplina financiera y pronto volvió a sus viejos hábitos, como el registro de su dinero. De nuevo se incrementaron las ventas de sus obras de arte y decidió no sucumbir a lo que ahora reconocía como incomodidades temporales asociadas con su nueva posición de vida; en lugar de ello, decidió mantener las conductas que pudieran sustentar su éxito. Tiempo después, Rebeca comprendió que, aunque con frecuencia deseaba comprar artículos frívolos para sentirse feliz, tenía que tomar decisiones referentes a sus gastos con el fin de comprar una casa. Después de darse cuenta de que la disciplina financiera, concepto desconocido para su vieja identidad, tiene sus recompensas, Rebeca comenzó a limitar sus gastos diarios para lograr una meta financiera más importante a futuro.

PREPÁRATE PARA EL INGRESO ADICIONAL

La mayoría de la gente que desea mejorar su situación financiera sueña con tener fondos adicionales, pero muy pocas personas comprenden los efectos potenciales de generar cantidades inusuales de dinero. A pesar de que un incremento en los fondos puede contribuir en gran medida a mejorar las condiciones de vida, con frecuencia la posición financiera permanece igual o se hace menos segura debido a que las emociones subyacentes persisten, como la vergüenza o la privación.

Como todo lo que se refiere al dinero, manejar un mayor flujo de fondos refleja hábitos emocionales subyacentes. Algunas personas acumulan motivos en apariencia racionales para gastar el ingreso adicional, como liquidar deudas, realizar reparaciones necesarias en la casa o en el auto, mejorar las condiciones de su vivienda, comprar un auto nuevo o comprar productos "necesarios"; tales comportamientos mantienen la posición habitual y no permiten la creación de un fondo de emergencia para cubrir gastos imprevistos. La reacción de otros individuos a un incremento en su flujo de dinero es depositar la mayoría en cuentas de ahorro o de retiro y así establecen fondos de emergencia, pero con frecuencia les preocupa la posibilidad de perder lo que han ganado. Su ansiedad aumenta en proporción con el incremento de sus fondos.

A medio camino en este espectro se encuentra la gente que invierte una parte de sus ingresos adicionales y utiliza el resto para pagar deudas o depositarlo en una cuenta de ahorros. Sin embargo, incluso este comportamiento puede causar reacciones incómodas que van desde la preocupación paralizante acerca de qué hacer con el dinero adicional o la actividad frenética en busca de inversiones que generen intereses altos. Bárbara, por ejemplo, confiaba poco en las instituciones financieras y por lo regular guardaba una porción de sus ingresos en su cajón de ropa interior, lo cual también la incomodaba. Cuando su ahorro llegó a los 7 500 dólares, decidió ayudar a su hija a pagar sus deudas, liberada por el prospecto de no tener que decidir lo que haría con su dinero.

A pesar de que tener más ingresos con frecuencia contribuye a la perpetuación de un patrón financiero anterior, la planeación de los ingresos adicionales, antes de que lleguen, puede ayudarte a enfrentar de manera más efectiva tus reacciones emocionales y sobrellevar los temores ocultos que, de otra manera, disparan una regresión a tu posición financiera previa. La planeación de lo que harás con los ingresos adicionales también genera pensamientos positivos acerca del futuro y confianza en la independencia financiera, lo cual permite que tu inconsciente contribuya a generar dicho dinero adicional.

Planear el ingreso adicional significa buscar opciones prácticas y tomar múltiples decisiones acerca de cómo administrar más dinero. Antes de que consideres inversiones y lujos, necesitas llegar a conclusiones simples respecto al lugar que destinarás los fondos que lleguen, lo cual puede causar sentimientos de desorientación.

Sin embargo, si activas nuevos comportamientos al tiempo que planeas los ingresos adicionales, podrás evitar muchas de las incomodidades inesperadas que acompañan a una mejor posición financiera, como sentirte desconectado de tus amigos o abrumado por un súbito influjo de fondos.

Acciones

Las acciones de este ejercicio están diseñadas para ayudarte a contrarrestar las fuerzas que con frecuencia impiden el desarrollo de comportamientos financieros responsables. Introdúcelas de manera gradual y siempre ten en cuenta la posibilidad de incomodidad emocional o resistencia.

1. Elige nuevos comportamientos financieros

Identifica de cinco a diez conductas habituales que te mantengan en tu situación financiera actual y selecciona una conducta sustituta para cada una de ellas. Por ejemplo, si permites que las cuentas se acumulen, elige un sistema para pagar tus cuentas mientras, al mismo tiempo, notas tus respuestas emocionales y determinas su significado en tu éxito financiero futuro. Si por lo regular gastas más dinero del que ganas, desarrolla un plan de flujo de efectivo y utiliza cheques o dinero en efectivo en lugar de tarjetas de crédito. Si sueles prestar dinero a otras personas en lugar de ahorrarlo, deja de prestarlo.

Para maximizar tus probabilidades de éxito, esfuérzate por cambiar sólo un hábito a la vez y date cuenta de que, dado que el desarrollo de los hábitos toma tiempo, un comportamiento modificado puede revertirse a su contraparte disfuncional de manera temporal. Si esto sucede, acepta la reversión sin juzgarte y sé consciente de que puedes retomar la modificación de tu comportamiento cuando lo desees. Para motivarte más, comparte tus conductas elegidas con tu compañero de prosperidad. Cada vez que la resistencia se haga presente, sustituye los PCE que pudieran estimularla y libera tu temor a progresar.

2. Registra tu progreso

Una vez que comiences a implementar una nueva conducta financiera, registra tu progreso todos los días en tu diario de prosperidad para mantenerte en el camino y reforzar tu autoconfianza. Una nota simple como "Registré mis gastos" o "No usé mi tarjeta de crédito" será suficiente para recordarte tu determinación de modificar tus hábitos. También considera decorar tus notas con estrellas doradas u otras calcomanías que mantengan animado a tu niño interior. Al terminar tus notas, reconoce tu progreso de manera verbal. Repite, por ejemplo: "Estás haciendo un excelente trabajo".

Para obtener apoyo adicional, comparte tus notas diarias con tu compañero de prosperidad durante algunas semanas por medio del teléfono o del correo electrónico. Como mayor incentivo, selecciona una recompensa para ti mismo después de implementar un nuevo comportamiento de manera consistente durante un periodo determinado, como anotar tus gastos diarios durante dos semanas o ahorrar un dólar cada día durante un mes.

3. Calcula tu flujo de efectivo mensual

El registro de tus flujos de efectivo mensuales te ayudará a echar un vistazo a tus patrones de ingresos y egresos. Para comenzar, elabora categorías de tus gastos (observa el cuadro 8.1) de un mes y suma el total de cada categoría; después anota tus ingresos del mes de diversas fuentes y también súmalos. Finalmente, resta tus gastos mensuales a tus ingresos. La cifra final indicará si tienes un flujo de efectivo positivo o negativo y cuánto ingreso adicional o déficit has generado. Utiliza este reporte de flujo de efectivo como guía y después podrás ajustar tus gastos para alcanzar las metas que has definido. Si mantienes un registro regular de tu dinero con un programa financiero en computadora, genera un reporte de flujo de efectivo al final de cada mes.

A pesar de que esta acción pueda parecerte sencilla y directa, el simple hecho de comparar tus ingresos con tus egresos puede generar una intensa reacción emocional. Si experimentas temor o resistencia mientras calculas tu flujo de efectivo mensual, respira a través de cualquiera que sea la reacción que surja. Como motivación para elaborar tu reporte de flujo de efectivo, coméntalo o realízalo con tu compañero de prosperidad.

4. Ajusta tu flujo de efectivo mensual

Para convertir un flujo de efectivo negativo en positivo, o con el fin de incrementar tus ingresos, ajusta tu flujo de efectivo mensual, primero en papel y después en la práctica. Utiliza tu reporte de flujo de efectivo de la acción 3 y realiza los cambios deseados de acuerdo con las instrucciones del cuadro 8.1.

Cuadro 8.1.

Reporte de flujo de efectivo mensual	
Gastos	
Renta/hipoteca	$
Servicios	$
Teléfono	$
Televisión por cable	$
Automóvil	$
Seguros	$
Alimentos	$
Gastos médicos	$
Ropa	$
Diversiones	$
Viajes	$
Impuestos	$
Pago de deuda	$
Caridad	$
Ahorros	$
Misceláneos	$
Total de gastos	$
Ingresos	$
Salario	$
Otros ingresos	$
Total de ingresos	$
Ingresos menos gastos	$

- Determina si algunos gastos son excesivos. Por ejemplo, ¿son demasiado altos los gastos de teléfono y ropa?, ¿gastas mucho en diversiones o en comer fuera de casa? Si es así, encuentra maneras de recortar esos gastos, como contratar un servicio telefónico más barato, hacer menos llamadas de larga distancia, comprar menos ropa, ir al cine con menos frecuencia o comer en casa con más frecuencia.

- Al mismo tiempo, considera nuevas maneras de generar ingresos, como organizar una venta de artículos usados en tu cochera, aceptar un empleo de medio tiempo o incluso cambiar de empleo. Si eres dueño de un negocio, reflexiona acerca de cambiar tu estrategia de mercadotecnia, aumentar tus precios o disminuir tus gastos.

- Calcula cuánto dinero puedes destinar al pago de tus deudas sin quedar demasiado restringido. Ten en mente que si sólo pagas las cantidades mínimas en tus tarjetas de crédito, te tomará muchos años liquidar tus deudas por completo. Si tu nivel de deuda es extremo, considera la posibilidad de que un consejero de deuda te ayude a desarrollar un plan de pagos.

- Calcula cuánto dinero te gustaría donar a instituciones de caridad.

- Para asegurarte una acumulación gradual de fondos adicionales, decide cuánto dinero puedes apartar para ahorrarlo, incluso si al principio sólo es un dólar a la semana. También decide en cuál banco abrirás una cuenta de ahorros cuando reúnas 50 dólares y apúntalo en tu diario de prosperidad.

- Con todas las consideraciones previas en mente, anota las cantidades a las cuales aspiras en un reporte de flujo de efectivo mensual ajustado (consulta el cuadro 8.2). Rectifica los totales donde sea necesario para llegar a un flujo de efectivo positivo o al incremento de fondos que deseas. Mejor aún, captura tu reporte en un programa de hoja de cálculo que te permita ver la cifra final recalculada cada vez que ajustes cualquiera de los números. Piensa en tu reporte de flujo de efectivo mensual ajustado como un plan para poner en acción cuando estés listo para avanzar hacia un nuevo nivel de responsabilidad financiera.

- Elige una fecha para implementar tu plan de flujo de efectivo mensual ajustado y, a medida que se aproxime dicha fecha, examina los sentimientos que te producen los cambios por venir. Si surgen sentimientos de incomodidad o desorientación, libéralos por adelantado por medio de las técnicas descritas en el ejercicio 7.

5. Inicia prácticas encaminadas a alcanzar tus metas

Con la mirada puesta en tus metas financieras, según las definiste en el ejercicio 4, escribe una lista de prácticas simples que te gustaría iniciar a un ritmo de quizás una por semana, como comer en casa, disfrutar de un día "sin gastos", aprender a usar un programa computacional de finanzas, actualizar tu currículum o contribuir a obras de caridad.

Si posees un negocio, enlista prácticas básicas que te ayuden a alcanzar tus objetivos fiscales, como diseñar e implementar nuevas estrategias de mercadotecnia, acudir a un evento de tu giro empresarial o trabajar con un asesor financiero o contador. Al final de cada semana, revisa la práctica que hayas introducido y refuerza tu sentido de progreso visualizando tu corazón pleno de gozo o valiéndote de una frase positiva para reconocer tu esfuerzo mientras imaginas que la gente te felicita por tus logros.

También elabora una lista de tareas que necesites realizar con regularidad y revísala al menos una vez por semana. Considera incluir algunas como las siguientes:

- Capturar todos los cheques y cargos a tarjetas de crédito en registros contables.
- Pagar las cuentas en cuanto lleguen.
- Hacer el balance de la chequera al recibir el estado de cuenta.
- Ahorrar 20 dólares por semana.
- Crear un reporte de flujo de efectivo y revisarlo al final del mes.

Si utilizas programas computacionales, aprovecha la función de recordatorio para que te avise cuándo debes realizar las actividades que forman parte de tu lista.

6. Atiende tus deudas

Si la deuda caracteriza uno de tus comportamientos financieros disfuncionales, dejar de utilizar las tarjetas de crédito es una de las acciones más positivas que puedes realizar. Eliminar el hábito de la deuda requiere el fuerte compromiso de convertirte en una persona solvente y de ajustes constantes en las rutinas de gasto, junto con una modificación de la mentalidad. Por ejemplo, si percibes que la responsabilidad financiera es restrictiva, para alterar tu mentalidad podrías comenzar por considerarla una oportunidad para alcanzar tus metas a largo plazo y después recompensarte por tus progresos.

Si tu deuda es significativa, considera la opción de que un asesor de crédito la reestructure, quizás a una tasa de interés menor, y desarrolle un plan de pagos viable después de negociar acuerdos razonables con tus acreedores.

Dado que lo mejor es confiar tus finanzas a un experto bien ponderado y honesto, elige con cuidado a tu asesor (consulta las sugerencias en las páginas 185 a 187).

Cuadro 8.2.

Reporte de flujo de efectivo mensual ajustado	
Gastos	
Renta/hipoteca	$
Servicios	$
Teléfono	$
Televisión por cable	$
Automóvil	$
Seguros	$
Alimentos	$
Gastos médicos	$
Ropa	$
Diversiones	$
Viajes	$
Impuestos	$
Pago de deuda	$
Caridad	$
Ahorros	$
Misceláneos	$
Total de gastos	$
Ingresos	$
Salario	$
Otros ingresos	$
Total de ingresos	$
Ingresos menos gastos	$

7. Ahorra algo de dinero con regularidad

Una manera confiable de comenzar a acumular fondos es depositando dinero en una cuenta de ahorros con regularidad. Para comenzar, ahorra pequeñas cantidades de dinero al día o a la semana. Incluso unos cuantos dólares pueden generarte respeto por ti mismo y un sentido de logro. Al principio decide qué harás con ese dinero en el futuro; quizá decidas destinar una parte a un propósito particular, como ir de vacaciones, y algo más para inversiones a largo plazo.

8. Haz planes para el ingreso adicional

A medida que comienzas a acumular dinero adicional, haz todo lo posible por evitar la tentación de gastarlo, en especial si no estás acostumbrado a tener fondos adicionales. Un procedimiento a prueba de errores es retirar el dinero excedente de tu cuenta de cheques y depositarlo en una cuenta de ahorros o de certificados de depósito (CD), y haz el compromiso contigo mismo de no tocarlo durante un periodo determinado, como seis meses, o hasta alcanzar un total definido, como 20 000 o 50 000 dólares. En ese momento, lo más recomendable será seguir una estrategia de inversión. Dejar tus fondos excedentes en una cuenta que genere intereses hasta que te sientas cómodo con la idea de invertirlos eliminará la presión que podrías sentir ante la perspectiva de embarcarte en un curso de acción antes de reunir la información suficiente para ello.

Si ya tienes una cuenta para tus ingresos adicionales y esperas generar más ingresos pero no estás seguro de qué hacer con ellos, entrevista a varios asesores financieros y después selecciona uno que te guíe de manera efectiva en esta decisión. También investiga acerca de diversas estrategias de inversión, quizás en tu biblioteca local o por internet. Además, comienza a pensar con creatividad cuáles son tus opciones financieras. Por ejemplo, imagina que recibes un cheque lo bastante grande como para saldar tus deudas y que te quedan 20 000 dólares adicionales; después decide cómo distribuirías los fondos excedentes entre ahorros, inversiones y compras. Enseguida, imagina otros escenarios con fondos adicionales, como recibir un pago anual de 50 000 dólares, un pago mensual de 1 500 o una suma total de 200 000, y diseña estrategias para distribuir los fondos con base en la investigación que has realizado. Registra tus planes en tu diario de prosperidad y presta atención a los nuevos comportamientos que podrían surgir mientras actualizas tus opciones.

9. Utiliza tu palabra de poder para cambiar tus PCE

Mantenerte en sintonía con los pensamientos, creencias y emociones producidos por cada hábito monetario que ajustas incrementa las probabilidades de establecer comportamientos financieros más responsables. La mayoría de la gente siente ánimos y energía mientras cambia sus hábitos financieros, a pesar de que cada modificación por lo regular requiere de un corto periodo de adaptación. Si durante ese intervalo comienzas a resistirte a un cambio deseado, activa un cambio de tus PCE formulando afirmaciones positivas como las siguientes:

- Libero mi resistencia a progresar en términos financieros. (Palabra de poder)
- Libero mi resistencia a evaluar mi flujo de efectivo mensual. (Palabra de poder)
- Estoy dispuesto a examinar mis sentimientos relacionados con el cuidado de mi dinero. (Palabra de poder)
- Tengo la facultad de crear fondos adicionales y cuidar bien de ellos. (Palabra de poder)

- Puedo encontrar a las personas que necesito para que me ayuden a cuidar mi dinero. (Palabra de poder)
- Libero mi temor a quedar libre de deudas y a generar fondos adicionales. (Palabra de poder)
- Tengo la habilidad necesaria para liberarme de mis deudas y acumular fondos adicionales. (Palabra de poder)
- Me doy permiso de tener más ingresos y acumular fondos adicionales. (Palabra de poder)

EJERCICIO 9

Mejora tus relaciones contigo mismo y con los demás

> La riqueza, como la felicidad, nunca se logra si se busca de manera directa. Llega como consecuencia de brindar un servicio útil.
>
> HENRY FORD

Dado que tu situación financiera refleja tu relación contigo mismo y con los demás, el hecho de mejorar dichas relaciones, de tratarte de manera más amorosa y de ampliar tu círculo de amistades y conocidos es un medio obvio de incrementar tu potencial para el éxito financiero.

Los pensamientos positivos, la creencia en un futuro positivo, la expresión emocional auténtica y los comportamientos financieros responsables pueden mejorar tus relaciones contigo mismo al tiempo que atraen a otras personas que reflejen sus PCE evolucionados. Y así como el cambio en tus pensamientos modifica tus creencias y emociones de manera simultánea, los ajustes en tus relaciones transforman tu mentalidad y se expresan a través de tus finanzas.

Todo es cuestión de apoyo

La conciencia de la interconexión entre el apoyo personal y el apoyo financiero resulta de gran ayuda para la misión de alcanzar la prosperidad. En momentos de mucho trabajo o de confusión puedes mantenerte en el buen camino si recuerdas que las situaciones financieras con frecuencia son un reflejo de las relaciones personales y que el apoyo a ti mismo y a otras personas, en todos los niveles imaginables, se manifiesta por naturaleza a través de un flujo de dinero.

Los dueños de pequeños negocios detectan esta reciprocidad en la acción cuando los clientes que han sido bien tratados en varias ocasiones promueven sus tiendas o sus servicios. En contraste, la gente que se siente desconectada de los demás y carece de un sistema de apoyo con frecuencia padece de constantes problemas monetarios. De hecho, muchas personas que reciben sueldos bajos creen que nunca recibieron apoyo de sus amigos o familiares. Debido a la profunda influencia del apoyo, las relaciones nutritivas contigo mismo y con otros individuos son fundamentales para cambiar tu posición financiera.

En general, un enfoque centrado en las tres principales áreas de apoyo (física, emocional y espiritual) conduce a mejoras financieras significativas. El apoyo físico implica darle al cuerpo lo que requiere para funcionar de manera efectiva y conservar la salud. Lo anterior significa comer cantidades moderadas de alimentos frescos e integrales, tomar suplementos alimenticios cuando sea necesario, beber bastante agua pura, ejercitarse con regularidad, dormir lo suficiente y tratar al cuerpo con amor. El apoyo físico también se refiere a factores externos, como la comodidad de la ropa y el calzado, la condición de la vivienda y la calidad del aire en interiores y exteriores. Seguir un régimen que apoye el bienestar del cuerpo proporciona la energía necesaria para optimizar el desempeño físico y mental y reducir o eliminar los costos médicos, lo cual, en última instancia, es útil para la causa del progreso financiero.

El apoyo emocional se refiere a ser auténticos con nuestros sentimientos, superar el temor a la autoexpresión, establecer límites para protegernos y aprender a no tomar las cosas a título personal. También se refiere a desarrollar emociones congruentes con un estilo de vida próspero, como los sentimientos de seguridad, satisfacción, confianza y respeto por uno mismo, y una disposición a deshacerse de la dependencia, la vergüenza y otros sentimientos que debilitan el valor personal y el éxito financiero. Además, el apoyo emocional incluye aceptación, apreciación y respeto por uno mismo; en efecto, convertirte en tu admirador número uno.

El apoyo espiritual significa profundizar tu conexión con tu ser interno y desarrollar conocimiento sobre ti mismo como parte de un todo interconectado. Dicha comprensión conduce a una percepción del dinero como una fuerza energética que tiene el potencial de fluir en libertad de persona a persona y despierta la experiencia de la abundancia en todos aquellos individuos que están dispuestos a ver más allá de sus limitaciones autoimpuestas. Por tanto, el apoyo espiritual despierta la conciencia de que el amor, la generosidad, el perdón y la compasión favorecen el flujo financiero mientras que el temor, la avaricia, el juicio y la acumulación de bienes lo bloquean.

El apoyo en estas tres áreas es la pavimentación de una ruta directa hacia el apoyo financiero. No obstante, la creación de dichas condiciones requiere de la modificación de múltiples comportamientos habituales, objetivo que puede tomar meses o años. Por fortuna, el progreso es evidente a cada paso del camino dado que la identidad financiera de una persona se transforma en algo nuevo con cada pequeño cambio adicional.

TRÁTATE COMO A ALGUIEN A QUIEN AMAS

En vista de que los PCE manifiestan circunstancias, es probable que la gente que se concentra en cuidarse a sí misma, incluyendo su bienestar físico, atraiga situaciones en las cuales el cuidado permanezca. Desde esta perspectiva, el resultado final de amarte a ti mismo puede ser generar más dinero. El hecho de que te trates como a alguien a quien amas con el fin de lograr un progreso significativo hacia una posición financiera más segura incluye enfrascarte en un diálogo interior positivo, deshacerte de los juicios, perdonarte por los comportamientos indeseables en el pasado y en el presente, darle a tu mente, cuerpo y espíritu un cuidado de alta calidad y contemplarte con ojos compasivos y amorosos. La mayoría de la gente que lo hace también trata a los demás de manera distinta y esto es automático; como resultado, atrae más respuestas de apoyo del mundo que la rodea.

Jerry, por ejemplo, comenzó a tratarse a sí mismo de manera más amorosa a pesar de que al principio la idea le pareció extraña e incongruente con su competitivo empleo como agente de bienes raíces. Primero se concentró en sustituir la voz crítica en su cabeza por otra que sonara como la de su entrenador de futbol de la preparatoria, quien con frecuencia lo había alabado y lo motivaba todo el tiempo a ser mejor. Después prestó más atención a su dieta, se inscribió a un gimnasio para ejercitarse tres veces por semana e implementó una práctica de meditación casera durante 20 minutos cada mañana antes de comenzar su jornada laboral. Pronto notó que se sentía mejor en la oficina y que su actitud hacia sus clientes parecía más plena de empatía y aceptación. A pesar de que sólo realizó algunos cambios en su estrategia de mercadotecnia, comenzaron a llegarle muchos clientes por recomendación, más que nunca, y el cierre de tratos se hizo menos estresante. Seis meses después, Jerry se dio cuenta de que no sólo se sentía mucho mejor y producía más dinero sino que también se divertía más. Éste es un caso válido para ejemplificar cómo el trato amoroso hacia uno mismo puede generar bienestar y prosperidad.

Confía en ti mismo

Manejar de manera eficiente grandes sumas crecientes de dinero requiere el desarrollo de confianza en ti mismo y en tus decisiones. A pesar de las fantasías populares acerca de los influjos súbitos de dinero, aquellas personas cuyos patrones financieros son "sólo lo suficiente" o "menos que suficiente" con frecuencia desconfían de su habilidad para tomar decisiones sabias acerca del destino de los fondos. Si lo anterior es verdad para ti, una manera de desarrollar más confianza es incrementar tus conocimientos acerca del manejo del dinero. Mientras adquieres confianza en tu habilidad para protegerte en tu ámbito financiero, quizá también puedas dejar de preocuparte porque los demás abusen de ti o por cometer errores serios que pudieran ocasionar una pérdida financiera significativa.

También puedes aumentar tu confianza si permites la expresión de tu ser verdadero y si estableces límites protectores. A pesar de que dar estos pasos resulte a veces temible, en especial a las personas acostumbradas a limitar su autoexpresión o sus barreras por complacer a otras, la recompensa puede ser inmensa en términos de confianza personal. Dos simples declaraciones pueden ayudarte a descubrir a tu ser auténtico y pedir lo que en verdad necesitas: " 'No' es una frase completa" y "Si uno de los dos debe sentirse incómodo, no tengo que ser yo". La primera declaración te da permiso para decir *no* sin explicaciones y, por tanto, determinar de manera activa el rumbo de tu vida. La segunda declaración promueve la toma de decisiones que actúan en tu beneficio y no en el de alguien más. Muchas personas descubren que, cuando comienzan a cuidarse, se sienten mejor con quienes son y notan que se apoyan más a sí mismas en muchas áreas de su vida. Con ello se desarrolla un nuevo sentido no sólo de confianza sino de mérito, junto con comportamientos financieros más responsables y, sin duda, mayores ingresos.

En cuanto a la creación de límites protectores para construir confianza, lo ideal es que los establezcas respecto de ti mismo y de los demás. Los límites personales podrían incluir definir límites en los gastos, evitar los alimentos con azúcar, no permitir el diálogo interior negativo o comprometerte a donar un porcentaje específico de tu ingreso a obras de caridad. Los límites relacionados con los demás podrían incluir negarte a tolerar lenguaje o conductas que consideres inapropiados, pedir a los vendedores telefónicos que dejen de llamarte o decir que no a un comerciante insistente.

Finalmente, la confianza en ti mismo en términos de finanzas puede desarrollarse al hacer pequeños cambios de manera consciente en tu manera de manejar el dinero. Con el paso del tiempo, llevar un registro de tu flujo de efectivo, realizar el balance regular de tu chequera, eliminar los gastos superfluos, ahorrar una suma cada mes y otros comportamientos financieros responsables te convencerán de que eres confiable con el dinero.

Conéctate con los demás

Dado que el dinero está vinculado a la gente, la conexión con los demás se convierte en una actividad esencial para mejorar las situaciones financieras. Como consecuencia, más allá de tratarte de manera amorosa, de desarrollar tu confianza en ti mismo y de establecer límites personales, la construcción de una seguridad financiera en un mundo inseguro exige el establecimiento de una red de individuos dignos de confianza que te inspiren una sensación de seguridad y resguardo. Después de crear esa red, por lo regular la gente se siente apoyada y comienza a confiar en que la vida proveerá los recursos suficientes para satisfacer sus necesidades. Desde esta ventajosa perspectiva, tendría sentido que los individuos tomaran asiento en casa, se preguntaran cómo generar más dinero y comenzaran por crear una red de colegas solidarios; la gente que ya cuenta con un amplio círculo de conocidos o asociados de negocios podría preguntarse cómo hacer más profundas esas relaciones.

Mientras te concentras en crear tu red, recuerda que el dinero no necesariamente provendrá de las personas con quienes hagas contacto. Por el contrario, es a través de compartirte con los demás que haces más amplia tu esfera de influencia e incrementas tu potencial de interacciones financieras útiles. Al mismo tiempo, y como resultado de establecer conexiones significativas, es probable que te sientas más amado y apoyado, lo cual siempre estimula el incremento en tu flujo de efectivo.

Existen muchas oportunidades para mejorar tu interacción con los demás, incluso participar en organizaciones afiliadas a instituciones religiosas, grupos de relaciones de negocios, equipos deportivos, grupos de discusión, programas de Doce Pasos o eventos culturales. A pesar de ser menos íntima que el contacto cara a cara, internet también promueve foros para entrar en contacto con otros individuos, en especial en los *chats*.

Para muchas personas, este ejercicio representa un cambio mayor en su enfoque individual y, por tanto, demanda mucha dedicación. Si tú no acostumbras amarte a ti mismo y a buscar el contacto con los demás, espera olas de desorientación pero también reconoce que, cuando éstas se retiran hacia el mar y tú perseveras en tu misión, tus esfuerzos forjarán una nueva identidad; en este caso, una identidad compuesta por mayores recompensas financieras.

ACCIONES

La meta principal de este ejercicio es desarrollar relaciones más amorosas y de apoyo contigo mismo y con los demás como camino para mejorar tus relaciones con el dinero. No obstante, si mientras trabajas en las siguientes acciones notas de pronto que otros placeres también abundan, no te sorprendas.

1. Comprométete en una relación contigo mismo

Una relación contigo mismo es esencial para el éxito. Después de establecerla, el siguiente paso es nutrirla de manera activa; es decir, darte a ti mismo el amor, la aceptación y el aprecio que también producen un mayor flujo de efectivo.

Utiliza las siguientes preguntas como guía; reflexiona qué podría significar hacer de tu compromiso contigo mismo una prioridad diaria:

- ¿Cómo me comportaría si estuviera comprometido en mi relación conmigo mismo?
- ¿Qué tendría que hacer para demostrar que me cuido?
- ¿Cuánto tiempo y esfuerzo estaría dispuesto a invertir en la relación?
- ¿Cómo afecta una mejor relación conmigo mismo en mi posición dentro de mi grupo de amigos y familiares de origen?
- ¿Cómo afectaría a mi autoimagen una relación comprometida conmigo mismo?
- ¿Qué podría impedirme comprometerme en mi relación conmigo mismo? ¿Cómo me enfrentaría a ese impedimento?

Cuando estés listo para hacer prioritaria tu relación contigo mismo, celebra el compromiso, quizá con una cena festiva en la ciudad con un amigo. También comparte tu compromiso con tu compañero de prosperidad y documéntalo con mayúsculas en tu diario de prosperidad.

2. Trátate de manera amorosa

Muchas personas fantasean imaginando cómo les gustaría que las tratara una pareja amorosa sin percatarse de que ellas mismas pueden darse lo que esperan recibir. Además de los sentimientos positivos que esto genera, tratarte a ti mismo como ser especial permite que tengas relaciones amorosas interdependientes y saludables en lugar de codependientes y poco satisfactorias.

Para comenzar a tratarte de manera más amorosa, observa cómo te comportas ahora contigo mismo en varias situaciones y después sustituye las palabras y las acciones degradantes por cariñosas. Por ejemplo, si es raro que te digas cumplidos cuando terminas una tarea, comienza a expresar aprecio por tus esfuerzos.

Al mismo tiempo, comienza a declarar tu amor y apoyo a ti mismo todos los días. Mientras estás de pie frente al espejo, podrías mirarte a los ojos y decir, por ejemplo: "[Tu nombre], yo te amo, acepto y apoyo justo como eres y sin condiciones". Sin importar cuál sea tu afirmación, presta atención a las emociones que ésta evoca y su posible contribución a tu autoestima y a tu movilidad financiera.

Además, elabora una lista de cosas que desearías que alguien más hiciera por ti y determina cuáles puedes hacer por ti mismo. Tu lista podría ser similar a ésta:

- Comprarme flores.
- Llevarme a cenar.
- Apreciarme.
- Decirme que soy maravilloso.

- Amar mi cuerpo.
- Decirme que luzco bien.

3. Busca a otras personas

Es probable que tu nivel actual de comodidad con otras personas determine el ritmo con el cual ampliarás tu círculo de contactos sin sentirte amenazado. Si tu inseguridad por tus habilidades sociales es la causa de que te aísles, para comenzar a relacionarte de manera más estrecha con otras personas quizá debas enfrentar un temor subyacente a los extraños y a la expectativa de desaprobación. Una buena manera de superarlo es visitar lugares que no acostumbras con tu compañero de prosperidad o con otro amigo con el propósito de ampliar tu red de apoyo.

Algunas maneras efectivas para conocer otras personas son:

- Asistir a seminarios, grupos de discusión, reuniones de Doce Pasos o conferencias profesionales que ofrezcan un ambiente seguro para compartir ideas y preocupaciones.
- Trabajar como voluntario en hospitales o en instituciones sin fines de lucro, donde puedas trabajar como parte de un grupo en una situación estructurada.
- Unirte a una organización de servicio, como el Club Rotario o el Club de Leones, los cuales ofrecen oportunidades para involucrarse en actividades sociales.
- Convertirte en mentor de un estudiante más joven.

4. Visualiza la situación ideal

Mientras practicas la meditación, visualízate rodeado por personas cariñosas e imagina tu corazón inundado de amor. El escenario particular puede ser alguno de los siguientes o cualquier otro de tu elección:

- Gente que te alaba por tus logros.
- Recibir un premio por prestar un servicio a la comunidad.
- Participar en un proyecto divertido con otras personas.
- Asistir a una junta con personas cuya mentalidad sea similar a la tuya y sentirte cómodo.
- Cantar en un coro.
- Sostener una conversación significativa con una persona a quien admires.

5. Haz algo cada día para mejorar tus relaciones

Fotocopia el cuadro 9.1 y agrega otras actividades que te complazcan. Después manténla en un lugar visible como recordatorio de realizar algo cada día para hacer más profundos tus vínculos contigo mismo y con los demás.

6. Utiliza tu palabra de poder para motivar el cambio

Dado que cambiar tus relaciones contigo mismo y con los demás implica transformaciones muy profundas, ejercita de manera rigurosa los "músculos" que te ayudan a superar tu resistencia a alterar tu rutina diaria. En vista de que superar la resistencia requiere de determinación y motivación, utiliza declaraciones como las siguientes:

- Me doy permiso de ser mi prioridad. (Palabra de poder)
- Estoy dispuesto a tratarme de manera amorosa. (Palabra de poder)
- Libero mi necesidad de aislarme. (Palabra de poder)

Cuadro 9.1.

Mejora tus relaciones contigo mismo y con los demás	
Pasar tiempo contigo mismo todos los días.	Beber bastante agua pura.
Convertirte en tu prioridad.	Respirar y centrarte.
Tratarte como a alguien a quien amas.	Comer alimentos saludables y coloridos.
Perdonar a los demás y a ti mismo.	Dormir bien por la noche.
Ser honesto y aceptar quién eres.	Estar dispuesto a dejar ir.
Cuidar tu dinero.	Arreglar el desorden.
Decir que no cuando lo desees.	Mimar a un perro o a un gato.
Divertirte y reír.	Dar dinero o tiempo a otras personas.
Ahorrar energía y dinero para ti.	Ser amable con los demás.
Alabarte.	Ser paciente con los demás.
Ser paciente contigo mismo.	Ver a los demás como niños heridos que necesitan tu amor.
Aprender algo nuevo sobre finanzas.	No juzgar.
Apreciarte.	Apoyar a los demás para que sean quienes son.
Expresarte.	Estar disponible para los demás.
Despedir a tu padre crítico.	Sonreír a alguien que no conozcas.
Jugar con tu niño interior y amarlo.	Decir un cumplido a un amigo.
Realizar una caminata vigorosa.	Ofrecer ayuda a un extraño.

* Libero mi temor a relacionarme con personas desconocidas. (Palabra de poder)
* Me doy permiso de conectarme con otras personas sin temor. (Palabra de poder)
* Puedo darme con libertad a otros y sentirme seguro. (Palabra de poder)
* Estoy dispuesto a conectarme con otras personas. (Palabra de poder)
* Libero mi necesidad de juzgarme a mí mismo o a los demás. (Palabra de poder)
* Estoy dispuesto a perdonarme. (Palabra de poder)
* Estoy dispuesto a perdonar a cualquier persona que creo que me ha lastimado. (Palabra de poder)
* Estoy dispuesto a hacer algo agradable por mí mismo que no haya hecho antes. (Palabra de poder)
* Soy adorable y amado. (Palabra de poder)
* Libero mi resistencia a los hábitos saludables. (Palabra de poder)
* Libero mi necesidad de resistencia. (Palabra de poder)
* Estoy dispuesto a adoptar por completo mi nueva identidad financiera. (Palabra de poder)

A pesar del esfuerzo necesario para superar la resistencia, el hecho de lograrlo significará un potencial mucho mayor para tu futuro financiero.

Conclusión

Mantén tu nueva identidad financiera

Este programa de acondicionamiento financiero, como cualquier rutina accesible para principiantes orientada a optimizar tu salud física, requiere de un compromiso de por vida. Sin embargo, a corto plazo sólo es necesario incrementar el tiempo en pequeñas dosis, todas dedicadas a fortalecer y asegurar tu nueva identidad financiera. Al final, no es la cantidad sino la consistencia de la atención que destines a cuidar de tu dinero y de ti mismo lo que determinará la diferencia entre el éxito financiero continuo y el regreso a tus viejos patrones disfuncionales.

Por lo regular, de 10 a 30 minutos diarios dedicados a la administración de tus finanzas son suficientes para fortalecer una floreciente identidad financiera. Para obtener mejores resultados, considera realizar estas tareas a la misma hora cada día: a primera hora por las mañanas o al finalizar tu jornada de trabajo. Comienza por capturar en tu programa financiero computarizado los cheques que elabores, los cargos a tus tarjetas de crédito y los ingresos generados. También paga tus cuentas y programa el pago de las que están por llegar. Si tu estado de cuenta bancario o de tarjeta de crédito acaba de llegar, concilia las cuentas. Éste es un procedimiento que sólo toma unos minutos con algún programa financiero computarizado, en especial si ya has capturado de manera concienzuda todo el dinero ganado y gastado. Cada vez que realices alguna de estas tareas, supervisa tus PCE y modifica cualquiera de ellos que pudiera entorpecer tu avance. Si, por ejemplo, mientras revisas el estado de cuenta de tu tarjeta de crédito te sientes avergonzado o culpable por los gastos registrados, planea sustituir tu hábito de comprar a crédito por comportamientos más responsables, como pagar con cheques o en efectivo por los artículos.

Cada semana, el cuidado de tu dinero exige el mismo tipo de eficiencia. Primero, recuerda generar un reporte de flujo de efectivo; después analiza la relación entre tu ingreso y tus gastos y ajusta los segundos si es necesario. Además, dedica una o dos horas a leer publicaciones financieras o a conversar sobre inversiones con amigos, tu compañero de prosperidad o un asesor financiero. También investiga sobre oportunidades de inversión u operaciones financieras o realiza inversiones reales. Durante todo ese tiempo, sigue enfocado en tus pensamientos y sentimientos acerca del dinero y libera cualquier negatividad o incomodidad que aparezca.

Junto con las tareas diarias y semanales que realices para apoyar la transformación de tu identidad financiera, también pueden presentarse algunas sorpresas. Podrías descubrir que limpias tus closets, por ejemplo, o que cambias el mobiliario de tu casa, actualizas tu directorio de contactos, compras en tiendas desconocidas, te mudas a un departamento o casa nueva o amplías tu círculo de amistades. Intenta no sentirte incómodo con estos u otros comportamientos no planeados; en cambio, considéralos indicativos de que tú, de hecho, estás cambiando. Al convertirte tanto en el observador como en el observado, como sugiere con frecuencia el filósofo espiritual del siglo xx, Jiddu Krishnamurti, te desprendes de su vieja identidad y liberas espacio para la nueva.

Otro resultado de mantener tu nueva identidad de forma activa es una confianza creciente en las decisiones financieras que tomes. Con un progreso continuo, es probable que te percates de que todo el espectro de potencial financiero está abierto para ti. De hecho, cualquier sueño que desees lograr es tuyo, si deseas amasar una gran fortuna o sólo incrementar tu valor neto en una modesta suma que te permita disfrutar de los dones de la vida. Sólo necesitas mantenerte en el camino y hacer más profundas tus relaciones con el dinero y contigo mismo. Tú mereces lo mejor que la vida ofrece, así que asegúrate de obtenerlo.

Referencias

SITIOS *WEB* RECOMENDADOS EN INGLÉS

Información general

Prosperity Place: www.ProsperityPlace.com (artículos gratuitos, libros electrónicos, audio y la revista electrónica mensual *Prosperity Tips*).

Portales financieros

CEO Express: www.ceoexpress.com.
CNN Money: www.cnnmoney.com.
MSN Money: www.moneycentral.msn.com.
Sitio financiero de CBS: www.CBSMarketwatch.com.
Sitio financiero de Yahoo: www.finance.yahoo.com.

Consejos para expertos

BankRate.com: www.BankRate.com (tasas para cuentas de ahorros, certificados de depósito e hipotecas, además de artículos útiles).

Codependientes Anónimos: www.coda.org (programa de Doce Pasos para resolver asuntos de relaciones).

Consumer Credit Counseling Service: www.nfcc.org (también conocido como National Foundation for Credit Counseling; es una organización no lucrativa que asiste en la búsqueda de asesores de crédito confiables).

Deudores Anónimos: www.debtorsanonymous.org (ayuda para las personas con problemas de deudas).

Federal Trade Commission, sitio web de crédito: www.ftc.gov/bcp/conline/edcams/credit/index.html (artículos prácticos acerca del manejo del crédito y la deuda; incluye cómo encontrar un asesor de crédito confiable).

Financial Power Tools: www.financialpowertools.com/ (calculadoras para ayudar a la planeación y las estrategias financieras).

Reportes de crédito gratis: www.annualcreditreport.com (reportes de crédito anuales gratis).

Sección de administración de crédito / deuda de About.com: www.credit.about.com (instrucciones para reducir deudas, manejar a los acreedores y retirar registros de los reportes de crédito).

Sección de Dinero de iVillage.com: www.ivillage.com/money (información para manejar las deudas y las inversiones, así como ligas a grupos de apoyo).

Hechos y cifras de inversión libre

Investopedia.com: www.investopedia.com (buen diccionario de inversiones y tutoriales para principiantes).

MorningStar: www.Morningstar.com (artículos útiles, gráficas y calificaciones de fondos mutuos).

Motley Fool: www.fool.com (un punto de partida excelente con artículos acerca de inversiones, crédito, retiro y otros temas financieros).

Optionetics: www.optionetics.com (artículos gratuitos, gráficas, precios de opciones, foros y una revista semanal para novatos que desean conocer opciones para invertir).

Suscripciones

Cheapskate Monthly: www.cheapskatemonthly.com (publicación mensual poco costosa que ofrece excelente información acerca del manejo básico del dinero y el gasto inteligente).
Investor's Business Daily: www.investors.com (periódico diario que presenta a los inversionistas una amplia gama de herramientas de investigación).
The Wall Street Journal: www.wsj.com (la edición en línea del popular periódico financiero).

Sitios web recomendados en español

Alcohólicos Anónimos: http://alcoholicos-anonimos.org.mx/.
Banamex: www.banamex.com/esp/finanzas/index.html.
Banco de México: www.banxico.org.mx.
Bolsa Mexicana de Valores: http://bmv.com.mx.
CNNExpansión: www.cnnexpansion.com/ (notas principales de negocios, economía y finanzas personales).
El Economista: http://eleconomista.com.mx/.
El Financiero: www.elfinanciero.com.mx/ElFinanciero/Portal/.
El Semanario: www.elsemanario.com.mx/.
Finanzas.com: www.finanzas.com (cotizaciones de valores, noticias de bolsa y banca).
Finanzas Prácticas: www.finanzaspracticas.com/mx/site/home/index.php.

Finanzas personales en esmas.com: www.esmas.com/finanzasper-
sonales/.

Invertia.com: invertia.com (mercados, fondos, economía, finanzas y cotizaciones).

Instituto Mexicano de Ejecutivos de Finanzas (IMEF): www.imef.
org.mx.

Instituto Nacional de Estadística y Geografía www.inegi.gob.mx/
inegi/default.aspx.

Secretaría de Hacienda y Crédito Público: www.shcp.gob.mx/.

Sitio oficial de la Comisión Nacional para la Protección y Defen-
sa de los Usuarios de Servicios Financieros (Condusef):
www.condusef.gob.mx/index/html.

Yahoo! México Finanzas: http://mx.finance.yahoo.com/.

LECTURAS RECOMENDADAS

Belsky, Gary, y Thomas Gilovich, *Why Smart People Make Big
Money Mistakes and How to Correct Them*, Simon & Schuster,
Nueva York, 1999.

Bradley, Susan, *Sudden Money: Managing a Financial Windfall*,
John Wiley & Sons, Nueva York, 2000.

Bradshaw, John, *Sanar la vergüenza que nos domina*, Ediciones
Obelisco, Barcelona, 2004.

Capacchione, Lucia, *Recovery of Your Inner Child*, Simon & Schuster, Nueva York, 1991.

Chatzky, Jean, *You Don't Have to Be Rich*, Penguin Group, Nueva York, 2003.

Chopra, Deepak, *Las siete leyes espirituales del éxito*, Edaf, Madrid,
1998.

Covey, Stephen R., *Los 7 hábitos de la gente altamente efectiva*, Pai-
dós, México, 2006.

Eker, Harv T., *Los secretos de la mente millonaria: cómo dominar el juego interior de la riqueza*, Sirio, Barcelona, 2006.

Hill, Napoleon, *Piense y hágase rico*, Grijalbo Mondadori, México, 2007.

Hunt, Mary, *Debt-Proof Living: The Complete Guide to Living Financially Free*, Broadman & Holman, Nashville, TN, 1999.

Jeffers, Susan, *Feel the Fear and Do It Anyhow*, Ballantine, Nueva York, 1988.

Kinder, George, *The Seven Stages of Money Maturity: Understanding the Spirit and Value of Money in Your Life*, Dell, Nueva York, 2000.

Kiosaki, Robert T., *Padre rico, padre pobre*, Aguilar, México, 2005.

Mundis, Jerrold, *Making Peace with Money*, Andrew McMeel Publishing, Kansas City, MO, 1999.

Murphy, Joseph, *The Power of Your Subconscious Mind*, Bantam Books, Nueva York, 2001.

Nemeth, Maria, *The Energy of Money: A Spiritual Guide to Financial and Personal Fulfillment*, Ballantine, Nueva York, 1998.

Nims, Larry, y Joan Sotkin, *Be Set Free Fast!*, Prosperity Place, Santa Fe, NM, 2002.

Orman, Suze, *Atrévase a ser rico: cómo crear una vida de abundancia material y espiritual*, Ediciones Granica, Barcelona, 2001.

Pert, Candace, *Molecules of Emotion: The Science Behind Body-Mind Medicine*, Simon & Schuster, Nueva York, 1997.

Ruiz, Miguel, *Los cuatro acuerdos*, Ediciones Urano, Barcelona, 1998.

Stanley, Thomas J., *The Millionaire Mind*, Andrews Mcmeel, Kansas City, 2000.

Twist, Lynne, *The Soul of Money: Transforming Your Relationship with Money*, W. W. Norton, Nueva York, 2003.

Acerca de la autora

Joan Sotkin, popular conferencista, asesora y líder de seminarios, ofrece seguimiento continuo a distancia y libros electrónicos en línea, además de dirigir grupos de prosperidad y escribir un boletín mensual para más de 100 000 suscriptores a nivel mundial. Pero las cosas no siempre fueron fáciles para esta empresaria. A finales de la década de 1980, después de convertir Joan's Crystals, su tienda al menudeo y de surtido a pedidos por correo en Venice, California, en una empresa lucrativa, cayó en bancarrota. Ocho años después, a los 56 años de edad y al ser promovida para mudarse a Santa Fe, Nuevo México, con sólo 200 dólares en el bolsillo, Joan comenzó a desarrollar sus músculos del dinero. Ahora recurre a sus décadas de lucha financiera, física y espiritual, junto con sus conocimientos duramente adquiridos sobre negocios, para asesorar a otras personas en sus finanzas con el fin de que ellas también logren una prosperidad duradera.

El programa completo de *Fitness financiero*

La lectura de *Fitness financiero* es el primer paso para que te hagas cargo de tu dinero y crear una identidad financiera exitosa. Identificar las áreas más vulnerables de preocupación en compañía de este programa es el paso número dos.

El programa *Fitness financiero* ofrece apoyo constante a través de libros electrónicos, artículos, audio y clases a distancia, todos diseñados para ayudarte a alcanzar tus metas financieras y de estilo de vida.

Encontrarás secretos para superar el temor al éxito y al fracaso, las disfunciones financieras perpetuas y otros obstáculos para el éxito. Con estas magníficas técnicas podrás avanzar más allá de los confines impuestos por las emociones reprimidas mientras energizas tu nueva identidad financiera.

También se incluyen detalladas instrucciones para desarrollar nuevas fuentes de ingresos; por ejemplo, cómo fundar y hacer crecer una empresa de medio tiempo o de tiempo completo que sea adecuada para ti.

Descubre más acerca del programa y sus beneficios; regístrate en: www.BuildYourMoneyMuscles.com/1002/.

Cuando estés allí, asegúrate de descargar la copia gratuita de las formas que aparecen en este libro.

Apoyo continuo gratuito

Existe un amplio sistema de apoyo en inglés a tu disposición cuando te registras en ProsperityPlace.com. Aquí encontrarás abundante ayuda *gratuita* a través de la popular revista electrónica *Prosperity Tips* junto con artículos, libros electrónicos y grabaciones en audio diseñados para impulsar el crecimiento de una identidad destinada al éxito financiero y personal.

En ProsperityPlace.com puedes aprender técnicas de mejoramiento de la mente y la energía utilizada por los sanadores holísticos alrededor del mundo.

Por ejemplo, puedes penetrar en tu inconsciente a través de *Be Set Free Fast* (BSFF), desarrollado por el doctor Larry Nims, y las *Emotional Freedom Techniques* (EFT) creadas por Gary Craig, lo cual te permitirá borrar cualquier cantidad de bloqueos e incomodidades internas. Muchos usuarios de estas magníficas técnicas las consideran más poderosas que la asesoría profesional.

También puedes visitar ProsperityPlace.com sólo para consultar los Prosperity Tips. Como suscriptor, recibirás, al menos una vez al mes, un revelador artículo que te proporcionará ideas para implementarlas, así como resúmenes de libros, estrategias financieras y noticias acerca de asuntos monetarios que te afecten de manera personal.

Descubre más acerca de estos recursos gratuitos; regístrate en: www.ProsperityPlace.com.

Acciones

Índice

SEGUNDA PARTE
Hacia una nueva identidad financiera

Fitness financiero, de Joan Sotkin
se terminó de imprimir en febrero de 2009 en
Quebecor World, S.A. de C.V.
Fracc. Agro Industrial La Cruz
El Marqués, Querétaro
México